LA COUTURE
POUR DÉBUTANTS

*Traduit de l'américain
par Annie J. Ollivier*

LES ÉDITIONS DE
L'HOMME

Correction : Ginette Patenaude et Monique Richard

Catalogage avant publication de la Bibliothèque nationale du Canada

Vedette principale au titre :

La couture pour débutants

Traduction de : Sewing 101.

1. Couture – Manuels d'amateurs.   I. Ollivier, Annie J.

TT705.S4814   2004   646.2'04   C2004-940955-7

Pour en savoir davantage sur nos publications,
visitez notre site : **www.edhomme.com**
Autres sites à visiter : www.edjour.com • www.edtypo.com
www.edvlb.com • www.edhexagone.com • www.edutilis.com

DISTRIBUTEURS EXCLUSIFS :

• Pour le Canada
  et les États-Unis :
  MESSAGERIES ADP*
  955, rue Amherst
  Montréal, Québec
  H2L 3K4
  Tél. : (514) 523-1182
  Télécopieur : (514) 939-0406
  * Filiale de Sogides ltée

• Pour la France et les autres pays :
  INTERFORUM
  Immeuble Paryseine, 3, Allée de la Seine
  94854 Ivry Cedex
  Tél. : 01 49 59 11 89/91
  Télécopieur : 01 49 59 11 96
  Commandes :   Tél. : 02 38 32 71 00
                    Télécopieur : 02 38 32 71 28

• Pour la Suisse :
  INTERFORUM SUISSE
  Case postale 69 - 1701 Fribourg - Suisse
  Tél. : (41-26) 460-80-60
  Télécopieur : (41-26) 460-80-68
  Internet : www.havas.ch
  Email : office@havas.ch
  DISTRIBUTION : OLF SA
  Z.I. 3, Corminbœuf
  Case postale 1061
  CH-1701 FRIBOURG
  Commandes :   Tél. : (41-26) 467-53-33
                    Télécopieur : (41-26) 467-54-66
                    Email : commande@ofl.ch

• Pour la Belgique et le Luxembourg :
  INTERFORUM BENELUX
  Boulevard de l'Europe 117
  B-1301 Wavre
  Tél. : (010) 42-03-20
  Télécopieur : (010) 41-20-24
  http ://www.vups.be
  Email : info@vups.be

L'ouvrage original américain a été publié
par Creative Publishing international, Inc.
sous le titre *Sewing 101: a beginner's guide to sewing*

Dépôt légal : 3e trimestre 2004
Bibliothèque nationale du Québec

ISBN 2-7619-1958-0

Gouvernement du Québec – Programme de crédit d'impôt pour l'édition de livres
– Gestion SODEC – www.sodec.gouv.qc.ca

L'Éditeur bénéficie du soutien de la Société de développement des entreprises
culturelles du Québec pour son programme d'édition.

Nous reconnaissons l'aide financière du gouvernement du Canada par l'en-
tremise du Programme d'aide au développement de l'industrie de l'édition
(PADIÉ) pour nos activités d'édition.

TABLE DES MATIÈRES

Comment se SERVIR DE CE LIVRE

Bienvenue dans l'univers créatif et parfois rempli de défis de la couture, univers qui apporte cependant toujours une grande gratification! *La couture pour débutants* a été conçu pour rendre votre apprentissage de la couture aussi aisé que possible et pour vous donner confiance pour réaliser de nouveaux articles et apprendre de nouvelles techniques. Des instructions faciles à suivre, accompagnées de photographies couleurs, vous aideront à acquérir ces habiletés de couture tout en confectionnant vête-ments, cadeaux et articles de décoration intérieure qui vous enchantent.

ANNOTATION ÉCLAIR

RÉFÉRENCE À L'ANNOTATION ÉCLAIR

TERMES DU GLOSSAIRE

Les adeptes de la couture apprécient cet art vieux comme le monde pour une multitude de raisons. Ceux et celles d'entre nous qui sommes venus au monde durant l'explosion démographique d'après guerre ont peut-être commencé à coudre leurs vêtements dans leur jeunesse parce qu'ils voulaient suivre la tendance de la mode sans avoir à payer les prix demandés par les magasins. Même si cette réalité a changé depuis, la confection de nos propres vêtements nous permet de réaliser des vêtements qui expriment notre personnalité et qui sont taillés pour nous. Les articles de décoration intérieure font la joie aussi bien des débutants que des experts, en partie en raison parce qu'ils reviennent moins chers que les articles achetés en magasin. En confectionnant des articles de décoration intérieure, nous avons le plaisir supplémentaire de pouvoir choisir styles, couleurs et tissus qui correspondent à notre personnalité et nos goûts plutôt que d'acquérir des articles faits en série. Mais la plus grande raison qui fait peut-être de la couture une activité si gratifiante est la satisfaction que l'on ressent en créant quelque chose à partir de rien de ses propres mains. Que vous confectionniez quelque chose pour vous, pour votre intérieur ou pour une autre personne, le plaisir et le sens de l'accomplissement personnel que vous en retirez constituent la récompense suprême.

Les réalisations proposées dans cet ouvrage ont été conçues pour vous faire passer de la nervosité du premier point à la machine à l'aisance et à l'habitude. Chacune de ces réalisations vous apprendra de nouvelles techniques, énumérées sous la rubrique **CE QUE VOUS ALLEZ APPRENDRE.** Tout au long de ce livre, vous trouverez des conseils et des explications qui vous permettront de comprendre le « pourquoi » de ce que vous faites. Nous avons également prévu des variantes de chacune de ces réalisations pour vous inviter à explorer les possibilités illimitées des tissus et des modèles.

Arrêtez-vous à la première partie du livre pour vous familiariser avec votre machine à coudre, les fournitures et les techniques propres au domaine de la couture. Vous avez absolument besoin du manuel de votre machine à coudre. Consultez-le en priorité si certains problèmes ou questions propres à votre machine surgissent.

La première étape à respecter avant d'entreprendre la réalisation d'un article de couture est de lire les instructions du début à la fin. Consultez les **ANNOTATIONS ÉCLAIR** apparaissant sur le côté droit des pages pour trouver définition ou clarification concernant certains termes ou expressions imprimés *ainsi* sur la page en question. Si le terme ou l'expression est suivi d'un numéro de page, c'est qu'il en sera question au numéro de page indiqué. Les termes imprimés **AINSI** se trouvent dans le **Glossaire,** de la page 220 à la page 222. Au début de chaque article à réaliser figure une liste vous indiquant **CE DONT VOUS AUREZ BESOIN.** Avant de vous rendre au magasin pour acheter votre tissu, lisez bien les renseignements concernant ce dernier. Vous vous sentirez moins perdu dans le magasin.

Mais surtout, amusez-vous! Donnez-vous la permission d'être créatif et de vous exprimer dans les articles que vous cousez..

Les **BASES** de la **COUTURE**

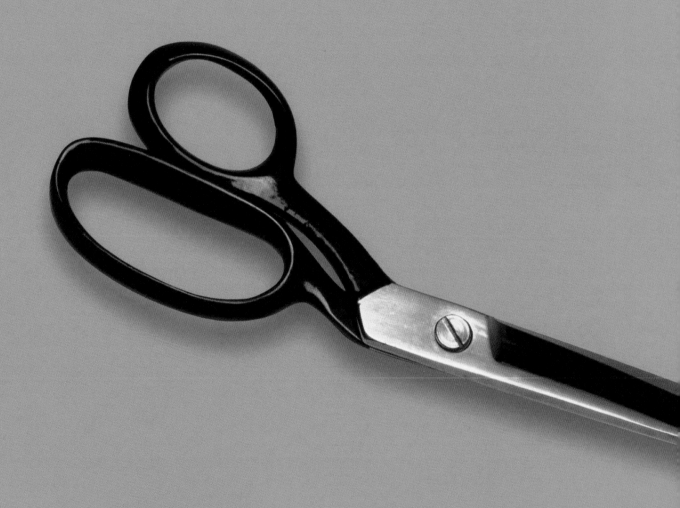

La **MACHINE** à coudre

Vous trouverez sur les schémas de la page ci-contre les principales parties communes à toutes les machines à coudre modernes. Comme il se peut que ces parties diffèrent un peu sur votre modèle ou qu'elles se trouvent à des endroits légèrement différents, consultez les diagrammes du manuel de votre machine. Si vous n'en avez pas un, vous devriez pouvoir vous le procurer auprès d'un détaillant qui vend votre marque.

Familiarisez-vous avec les noms des diverses parties et leurs fonctions. Le temps et la pratique aidant, ces éléments deviendront une seconde nature pour vous.

Si vous avez l'intention d'acheter une machine à coudre neuve, tenez compte de la nature et de la quantité des articles que vous voulez coudre. Abordez la chose avec des amis qui cousent ou avec des vendeurs spécialisés. Demandez à ce qu'on vous fasse des démonstrations et servez-vous vous-même de la machine qui vous intéresse. Essayez les diverses particularités de la machine sur une grande variété de tissus, y compris les tricots, les tissés, les tissus légers et les toiles. Observez quelles sont les particularités optionnelles de la machine pour déterminer celles que vous voulez sur la vôtre. De nombreux détaillants proposent des cours de couture gratuits à l'achat d'une machine à coudre. Sautez sur l'occasion, puisque ces cours seront donnés en fonction de la marque et du modèle de la machine que vous aurez acquise.

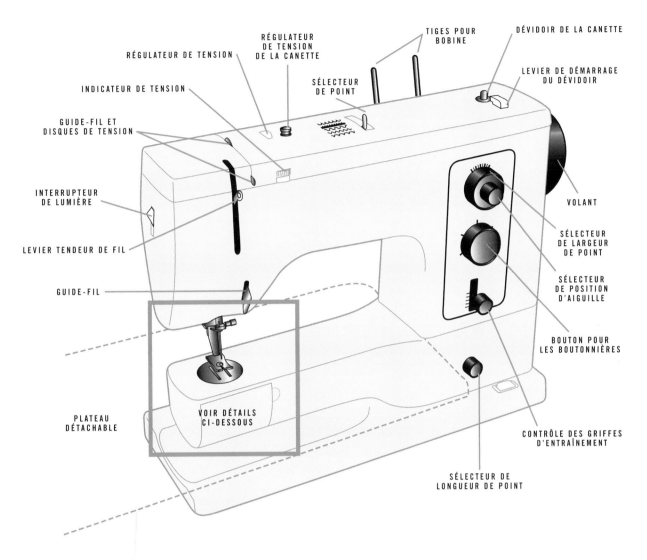

RÉGULATEUR DE TENSION

INDICATEUR DE TENSION

GUIDE-FIL ET
DISQUES DE TENSION

INTERRUPTEUR
DE LUMIÈRE

LEVIER TENDEUR DE FIL

GUIDE-FIL

PLATEAU
DÉTACHABLE

RÉGULATEUR
DE TENSION
DE LA CANETTE

SÉLECTEUR
DE POINT

TIGES POUR
BOBINE

DÉVIDOIR DE LA CANETTE

LEVIER DE DÉMARRAGE
DU DÉVIDOIR

VOLANT

SÉLECTEUR
DE LARGEUR
DE POINT

SÉLECTEUR
DE POSITION
D'AIGUILLE

BOUTON POUR
LES BOUTONNIÈRES

VOIR DÉTAILS
CI-DESSOUS

CONTRÔLE DES GRIFFES
D'ENTRAÎNEMENT

SÉLECTEUR DE
LONGUEUR DE POINT

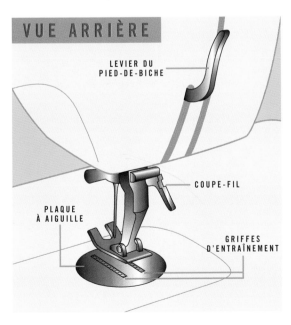

VUE ARRIÈRE

LEVIER DU
PIED-DE-BICHE

COUPE-FIL

PLAQUE
À AIGUILLE

GRIFFES
D'ENTRAÎNEMENT

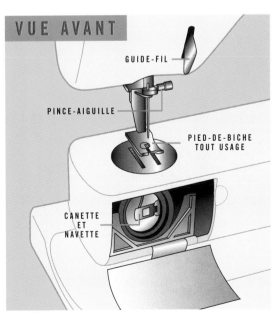

VUE AVANT

GUIDE-FIL

PINCE-AIGUILLE

PIED-DE-BICHE
TOUT USAGE

CANETTE
ET
NAVETTE

Les **ACCESSOIRES** de la machine

AIGUILLES POUR MACHINE À COUDRE

Les aiguilles pour machine à coudre existent en une grande variété de modèles et de tailles. Il faut choisir l'aiguille en fonction du tissu. Les aiguilles à bout pointu **(A)**, employées pour les tissés, sont destinées à percer le tissu. Les aiguilles à bout arrondi **(B)** sont destinées à glisser entre les boucles des tricots ; ainsi, elles ne transpercent ni n'endommagent le tissu. Les aiguilles à pointe universelle **(C)** permettent de piquer aussi bien les tissés que les tricots. La taille de l'aiguille est symbolisée par un chiffre, indiqué sur l'emballage, en général aussi bien selon le système européen (60, 70, 80, 90, 100, 110) qu'américain (9, 11, 12, 14, 16, 18). Servez-vous d'aiguilles de taille 11/70 ou 12/80 pour des tissus d'épaisseur moyenne. Plus le nombre est grand, plus l'aiguille est épaisse et peut être utilisée pour des tissus plus épais et des fils plus gros.

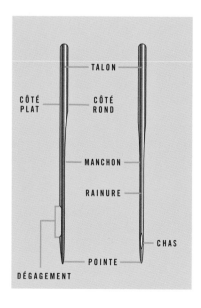

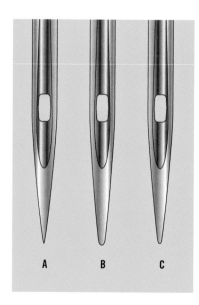

CONSEIL Bien que le modèle et la taille d'une aiguille soient en général indiqués d'une façon ou d'une autre sur l'aiguille, il est souvent très difficile de les lire sans l'aide d'une loupe. Comme vous ne vous rappellerez pas non plus le type d'aiguille qui est installée sur votre machine, une fois que vous avez fini de coudre, laissez un échantillon de tissu de l'article que vous êtes en train de réaliser sous le pied-de-biche.

CANETTE

C'est lorsque le fil de la bobine de fil du dessus vient faire une boucle avec le fil de la canette que le point se forme sur le tissu. Il faut toujours employer le bon modèle et la bonne taille de canette pour votre machine. La tension du fil de canette est contrôlée par un ressort qui se trouve dans la navette, qui est intégrée **(A)** ou amovible **(B)**.

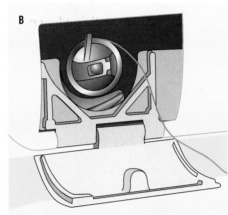

PIEDS-DE-BICHE

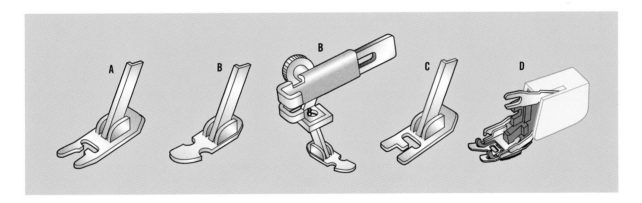

Toutes les machines à coudre viennent avec des accessoires destinés à des tâches spécialisées. Vous pouvez en acheter d'autres à mesure que vos aptitudes et vos intérêts se développent. Vous découvrirez dans votre manuel ou pourrez demander à votre détaillant les accessoires qui sont disponibles, ainsi que leur usage, afin d'obtenir les meilleurs résultats possibles.

Le pied-de-biche tout usage **(A)**, fort probablement celui que vous utiliserez le plus souvent, dispose d'une ouverture large permettant le mouvement latéral de l'aiguille exigé pour tous les points utilitaires non décoratifs. Il convient également à tous les points droits. Le pied pour fermeture à glissière **(B)** est employé pour piquer les fermetures ou toute couture dont un des deux côtés est plus épais que l'autre. Avec certaines machines à coudre, le pied pour fermeture à glissière est fixe, vous obligeant à changer la position de l'aiguille vers la gauche ou vers la droite selon le besoin. Avec d'autres machines, c'est la position du pied lui-même qui est réglable. Un pied-de-biche à broder ou spécialisé **(C)** a un dessous rainuré qui lui permet de passer délicatement par-dessus les points décoratifs ou les cordonnets. Certains modèles sont en plastique transparent et vous permettent de mieux voir votre ouvrage. Quant au pied à galets **(D)**, il assure que les tissus du dessous et du dessus sont amenés de façon égale à l'aiguille, ce qui permet de raccorder des motifs avec précision ou de coudre plusieurs épaisseurs, entre autres, les matelassés.

Les **PRÉPARATIFS**

Des gestes simples comme l'installation de l'aiguille, le remplissage de la canette et l'enfilage de la machine sont déterminants quant à la qualité du point et au rendement de votre machine. Vous pouvez vous servir de ce guide comme d'un guide de référence général, mais il vaut mieux faire appel au manuel de votre machine puisque les instructions lui sont spécifiques.

INSTALLATION DE L'AIGUILLE

Desserrez le pince-aiguille. Une fois que vous aurez choisi l'aiguille correspondant au tissu que vous allez coudre (p. 10), insérez-la le plus haut possible dans le trou qui lui est destiné. La partie rainurée doit faire face à l'avant de la machine si la canette se positionne par l'avant ou par le dessus. Elle doit faire face au côté gauche si la canette se positionne par le côté. Resserrez bien le pince-aiguille.

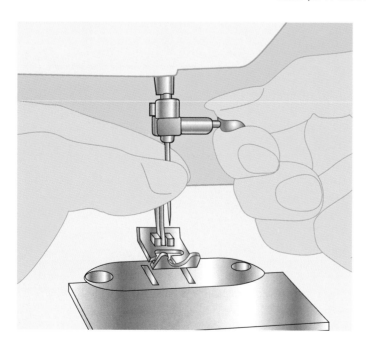

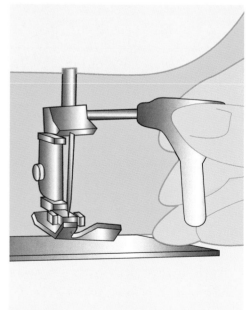

REMPLISSAGE DE LA CANETTE

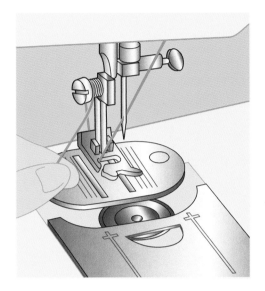

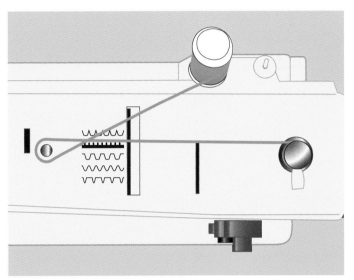

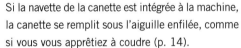

Si la navette de la canette est intégrée à la machine, la canette se remplit sous l'aiguille enfilée, comme si vous vous apprêtiez à coudre (p. 14).

Les canettes avec navette non intégrée se remplissent sur le dessus ou sur le côté de la machine, celle-ci étant enfilée pour le remplissage de la canette, ainsi que le manuel d'utilisation de la machine l'explique.

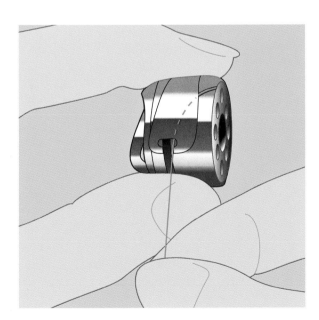

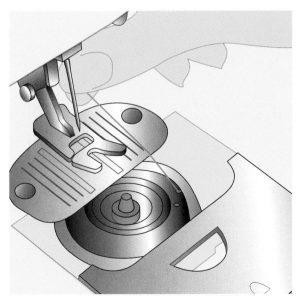

Le fil de canette doit être passé sous le ressort de tension de la navette. Pour les canettes qui se remplissent sous l'aiguille, le positionnement du fil se fait automatiquement lorsque la canette se remplit. Par contre, vous devez le faire manuellement lorsque vous utilisez une canette qui contient déjà du fil.

ENFILAGE DE LA MACHINE

Étant donné que toutes les machines à coudre diffèrent, la procédure d'enfilage de votre machine peut légèrement varier de celle qui est donnée ici. Une fois de plus, il importe que vous consultiez le manuel d'instruction qui l'accompagne. Tous les guide-fils supérieurs ajoutent un peu de tension au fil qui se rend jusqu'à l'aiguille. Si vous en manquez quand vous enfilez votre machine, la qualité de vos piqûres s'en ressentira beaucoup.

1 Insérez la bobine de fil sur la tige métallique.

A. Tige métallique verticale. Positionnez la bobine de fil de façon à ce qu'elle tourne dans le sens des aiguilles d'une montre pendant que vous piquez.

B. Tige métallique horizontale. Avec ce genre de tige, la bobine est maintenue en place par un capuchon de blocage. S'il y a une petite fente sur un des côtés de la bobine (servant à immobiliser le fil), assurez-vous qu'elle se trouve du côté droit.

CONSEIL Si la bobine est neuve et que des étiquettes sur ses deux extrémités recouvrent les trous, trouez ces dernières pour complètement découvrir le trou et permettre à la bobine de tourner librement.

À moins que votre machine ne dispose d'une navette intégrée sous l'aiguille, il vaut mieux que vous remplissiez la canette (p. 13) avant d'enfiler la machine.

2 Tirez le fil vers la gauche et passez-le dans le premier guide-fil.

3 Passez le fil par le guide-fil de tension.

CONSEIL Il est très important que le levier du pied-de-biche soit relevé quand vous enfilez la machine puisque, à ce moment-là, les disques de tension sont ouverts. Si le levier du pied-de-biche est abaissé, les disques seront fermés et, par conséquent, le fil ne glissera pas entre les disques et les points de piqûre ne vous satisferont pas.

4 Passez le fil dans le guide-fil suivant.

5 Enfilez le fil dans le trou du levier tendeur de fil.

6 Passez le fil dans les autres guide-fils.

7 Enfilez l'aiguille. La plupart des aiguilles s'enfilent d'avant en arrière et quelques-unes, de gauche à droite.

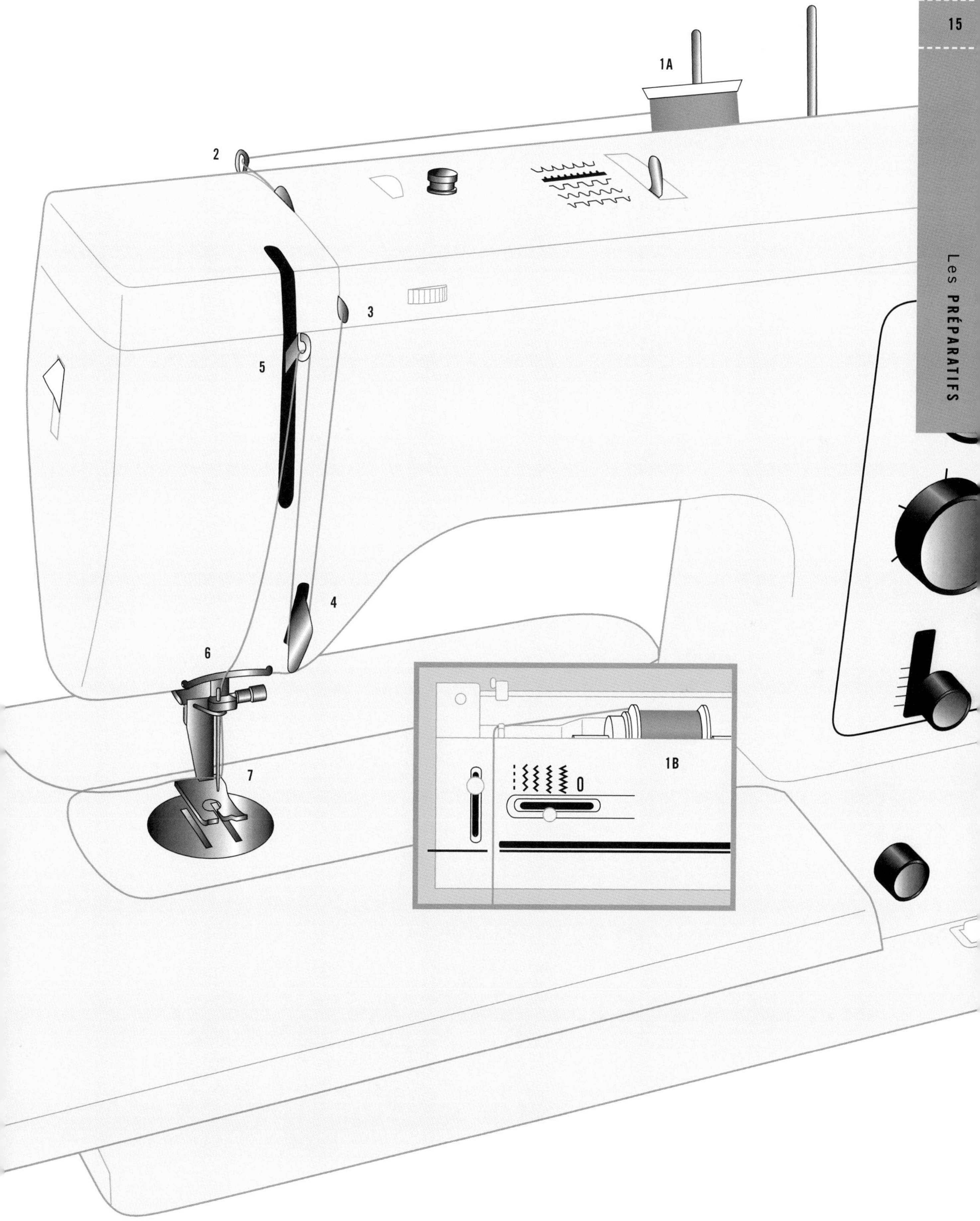

1A

2

3

5

4

6

7

1B

L'équilibrage de la TENSION

La machine à coudre fait des points en nouant le fil de la canette sur le fil de la bobine. Chaque fois que l'aiguille pénètre dans le tissu avec le fil de la bobine et au moment où elle remonte, un crochet attrape ce fil et l'enroule autour du fil de la canette.

Si la tension du fil de la bobine est plus forte que celle du fil de la canette, le fil de la bobine entraîne le fil de la canette vers le haut. Si par contre la tension du fil de la canette est plus forte, c'est elle qui entraîne le fil de la bobine vers le bas. Lorsque la tension est bien équilibrée entre les deux fils, ces derniers se croisent en plein milieu de l'épaisseur du tissu. C'est exactement ce que vous voulez.

Certaines machines sont équipées de dispositif automatique d'équilibrage de tension, ce qui signifie que la machine règle automatiquement la tension en fonction des tissus que vous piquez. Pour les machines qui n'en sont pas équipées, il faut régler la tension du fil de la bobine en fonction des différents tissus.

VÉRIFICATION DE LA TENSION

1 Enfilez votre machine avec un fil d'une certaine couleur et mettez une canette remplie d'un fil d'une couleur très contrastante. Aucun de ces deux fils ne doit être assorti au tissu. Découpez un carré de tissu d'épaisseur moyenne de 20,5 cm (8 po) de côté. Pliez le carré sur la diagonale et glissez-le sous le pied-de-biche de sorte que la pliure soit alignée sur le guide de ressource de couture de 1,3 cm (½ po). Faites pénétrer l'aiguille dans le tissu à l'endroit précis où vous voulez commencer la piqûre. Abaissez le levier du pied-de-biche et réglez la longueur du point à 2,5 mm (10 points au pouce).

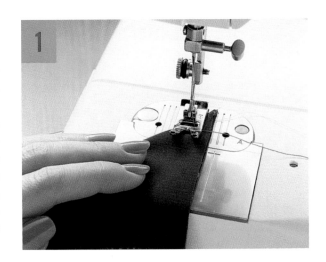

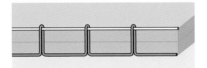

Tension du fil de la bobine trop forte

Tension du fil de la canette trop forte

Tension équilibrée

2 Piquez sur tout le long en ligne droite à 1,3 cm (½ po) de la pliure en diagonale. Retirez le tissu de la machine. Observez bien la ligne de piqûre des deux côtés. Si la tension entre les deux fils est équilibrée, vous ne verrez qu'une seule couleur de fil de chaque côté du tissu. Si vous voyez deux couleurs de fil sur le dessus de l'échantillon, c'est que la tension du fil de la bobine est plus forte que celle du fil de la canette. Si par contre, vous voyez les deux couleurs de fil sur le dessous de l'échantillon, c'est que la tension du fil de la canette est plus forte que celle du fil de la bobine.

3 Tirez sur la couture jusqu'à ce que vous entendiez les fils casser. (Étant donné que vous avez piqué sur le **BIAIS**, le tissu s'étirera légèrement.) Si le fil casse seulement sur un côté de l'échantillon, c'est que la tension est plus forte de ce côté.

RÉGLAGE DE LA TENSION

Avant de régler la tension de votre machine, vérifiez en premier lieu que:

• la machine est enfilée correctement (p. 14);
• la canette est bien installée
• l'aiguille n'est pas endommagée et qu'elle est bien installée

Une fois ces vérifications faites, vous aurez peut-être besoin de régler la tension sur votre machine. (Consultez le manuel du fabricant.) Augmentez ou diminuez légèrement la tension du fil de la bobine pour que les tensions des fils de canette et de bobine soient équilibrées. Une fois le réglage fini, faites un essai sur un échantillon de tissu et continuez le réglage jusqu'à ce que les tensions soient équilibrées. Si de légers ajustements avec le dispositif de tension ne solutionnent pas le problème, il faudrait peut-être régler la tension du fil de la canette. Les fabricants ne recommandent cependant pas que les utilisateurs de machine fassent eux-mêmes cet ajustement. Ainsi, à moins qu'on vous ait montré comment faire cet ajustement sur votre machine, il faut le faire faire par un technicien.

La réalisation d'une COUTURE

Que vous soyez ou non habitué à faire fonctionner votre machine à coudre et à piquer des coutures, servez-vous de cet exercice pour vous rafraîchir la mémoire chaque fois que vous estimez avoir oublié les éléments de base ou si votre technique manque de fini. On peut remédier aux petites frustrations, comme les bourrages de fil, les piqûres irrégulières ou la sortie du fil de l'aiguille au début d'une piqûre en suivant ces directives de base. Si vous ne savez pas par où commencer, c'est le signe que vous devez probablement commencer ici !

1 Enfilez votre machine (p. 14) et mettez la canette dans la navette (p. 13). Tout en tenant le fil de la main gauche, faites tourner le volant vers vous jusqu'à ce que l'aiguille soit descendue et revenue à sa position la plus élevée. Un point se formera et vous sentirez une tension sur le fil de la bobine. Tirez sur ce dernier pour amener le fil de la canette à sortir du trou de la plaque à aiguille. Tirez sur les deux fils en même temps sous le pied-de-biche et vers un des côtés.

2 Taillez deux morceaux de tissu que vous mettrez endroit contre endroit et bord à bord. Épinglez-les le long du bord en *piquant les épingles perpendiculairement aux bords* tous les 5 cm (2 po). Glissez le tissu sous le pied-de-biche de façon que le bord épinglé du tissu s'aligne sur le *guide de ressource de couture* de 1,3 cm (½ po) et que les bords supérieurs du tissu se trouvent juste derrière le pied-de-biche. Abaissez le pied-de-biche et réglez la longueur du point à 2,5 mm (10 points au pouce).

3 Commencez la piqûre en faisant quelques *points arrière* jusqu'au bord du tissu. Tenez les fils sous vos doigts de la main gauche pendant encore quelques points. Ceci empêchera l'aiguille de se désenfiler et les bouts de fil d'être happés vers la navette de la canette, où ils pourraient causer le **BOURRAGE DE FIL** tant redouté.

4 Piquez au point avant par-dessus le *point arrière* et continuez votre piqûre à 1,3 cm (½ po) du bord. Pendant

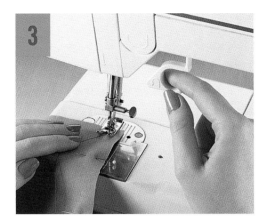

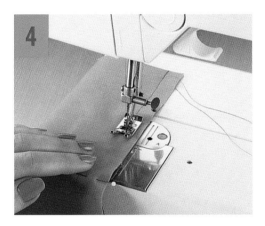

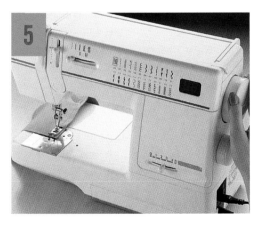

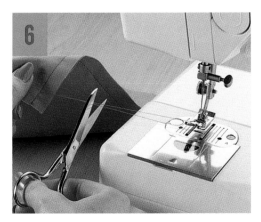

ANNOTATION ÉCLAIR

Piquez les épingles perpendiculairement au bord. Le fait qu'elles soient perpendiculaires au bord facilite leur retrait pendant que vous piquez. Comme les têtes d'épingles se trouvent près du bord taillé du tissu, il vous sera facile de les attraper avec votre main droite. Ainsi, vous vous piquerez moins avec les épingles pendant que vous cousez.

Guide de ressource de couture. La plupart des machines présentent une série de rainures sur la plaque à aiguille. Ces rainures marquent la distance entre l'aiguille (position courante de la ligne de piqûre d'une couture réalisée au point droit) et le bord vif du tissu. Mesurez la distance entre ces rainures et l'aiguille de votre machine pour déterminer où le bord de votre tissu devrait se trouver pour la largeur de couture que vous voulez piquer.

Point arrière. Ce point permet aux deux extrémités de votre couture de ne pas s'ouvrir. La technique du point arrière varie selon les machines. Il se peut que vous deviez maintenir le levier de longueur de point en position haute, enfoncer un bouton et le maintenir ainsi, ou simplement effleurer une icône. Consultez le manuel du fabricant.

Enlevez les épingles à mesure que vous vous en approchez. Aussi tentant que cela puisse être, ne piquez jamais par-dessus les épingles. Si vous le faites et que cela vous réussit, vous économiserez peut-être quelques secondes. Par contre, si cela ne vous réussit pas, vous pourriez casser votre aiguille et passer beaucoup de temps à la changer avant de reprendre votre ouvrage.

que vous piquez et accompagnez légèrement le tissu en faisant avancer vos doigts au-delà du pied-de-biche et à côté de ce dernier, rappelez-vous que vous ne faites qu'accompagner puisque c'est la machine qui tire le tissu.

5 Enlevez les épingles à mesure que vous vous en approchez. Quand vous arrivez près d'une épingle, arrêtez de piquer. **Retirez l'épingle.** Quand vous arrivez au bout du tissu, arrêtez de piquer et faites quelques points arrière sur la piqûre. Tournez le volant vers vous jusqu'à ce que l'aiguille se trouve dans la position la plus élevée.

6 Relevez le pied-de-biche. Tirez délicatement le tissu vers la gauche ou vers l'arrière. Si vous sentez que les fils tirent, tournez le volant légèrement vers vous jusqu'à ce qu'ils sortent facilement. Coupez les fils en en laissant une longueur de 6,5 à 7,5 cm (2 ½ à 3 po) sur le tissu.

Il est plus facile de réaliser des piqûres en ligne droite si vous suivez du regard le bord du tissu qui suit la rainure du guide de ressource de couture. Ignorez l'aiguille. Piquez avec calme à un rythme posé, avec un minimum d'arrêts et de départs, et sans accélération soudaine. Vous aurez un meilleur contrôle de la vitesse si vous appuyez sur la pédale en gardant le talon de votre pied sur le sol.

PLUS D'INFORMATION SUR LES COUTURES ET LES PIQÛRES

À part la **COUTURE** standard au point droit, votre machine peut probablement faire plusieurs autres points, prévus pour divers tissus et situations. Lorsque vous piquez du tricot, par exemple, vous voudrez que la piqûre s'étire avec le tissu. Pour empêcher l'effilochage des tissés, il faut finir les bords des **RESSOURCES DE COUTURE**. Il existe plusieurs méthodes de finition des coutures, dépendant du tissu et des possibilités qu'offre votre machine. Ces directives d'ordre général vous aideront à décider quand utiliser ces points et finitions. Mais, une fois de plus, c'est le manuel du fabricant qui saura le mieux vous informer sur votre machine.

PIQÛRES EXTENSIBLES

CONSEIL Le bord des tricots ne s'effiloche pas mais il roule souvent sur lui-même. Pour remédier à ce problème, on finit les ressources de couture ensemble, pour ensuite les rabattre et les repasser d'un seul côté.

Piqûre double. Piquez sur la ligne de couture en vous servant d'un point droit d'une longueur de 2 mm (12 points au pouce). Tirez légèrement sur le tissu pendant que vous piquez afin que la piqûre finie s'étire. Faites une seconde piqûre à 3 mm (⅛ po) de la première piqûre dans la ressource de couture. Réduisez ces dernières en coupant le tissu près de la seconde ligne de piqûre. Ce genre de couture est destiné aux tissus qui s'étirent peu ou aux coutures faites dans le sens vertical des tricots moyennement extensibles.

Piqûre au point zigzag très court. Servez-vous d'un point zigzag très court (2 mm ou 12 points au pouce) pour piquer sur la ligne de couture. Si le tissu est très extensible dans la direction de la piqûre, vous pourriez également tirer légèrement sur le tissu pendant que vous piquez. Réduisez les ressources de couture à 6 mm (¼ po), si nécessaire. Élargissez le point zigzag et surpiquez les bords des ressources de couture ensemble. Cette couture est destinée aux tricots particulièrement extensibles.

Piqûre extensible automatique. Même si ce point peut différer d'une marque de machine à l'autre, il se réalise en assurant une extension au fil, ce qui fait que vous n'avez pas besoin de tirer sur le tissu pendant que vous piquez. Certaines piqûres, comme les deux du bas ci-contre, sont une combinaison de point droit et de point zigzag qui permet de finir la couture en un seul passage. Consultez le manuel du fabricant pour vérifier la sélection possible de points de piqûre sur votre machine.

Point droit avant et dentelure aux ciseaux. Faites une piqûre au point droit d'une longueur de 2 mm (12 points au pouce), à 6 mm (¼ po) du bord des ressources de couture. Réduisez les ressources de couture près de la piqûre en vous servant de ciseaux à denteler (p. 29). Ce genre de finition convient aux tissés fins qui s'effilochent peu.

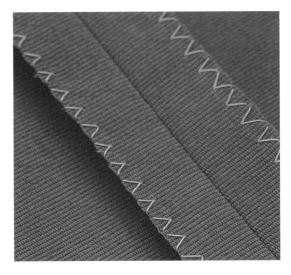

Point zigzag. Réglez le point zigzag à la largeur maximum ou presque et à une longueur de 2,5 mm (10 points au pouce). Piquez près du bord de chaque ressource de couture de façon que les points allant vers la droite passent juste par-dessus le bord du tissu. Si le tissu plisse, essayez une largeur moindre.

Point zigzag multiple. Si votre machine est dotée de ce point, consultez votre manuel pour savoir comment le sélectionner. Piquez près du bord des ressources de couture, pas par-dessus.

Point zigzag avec repli du bord. Réglez le point zigzag presque à la largeur maximum et à la longueur de 2,5 mm (10 points au pouce). Rabattez la ressource de couture sur une largeur de 3 à 6 mm (⅛ à ¼ po). Piquez près du rabat afin que le point qui va vers la droite arrive vis-à-vis du bord ou juste à cheval sur le bord. Servez-vous de ce point sur les tissés lâches, en particulier sur les vêtements, par exemple les vestes, où l'intérieur peut se voir de temps en temps.

Les **POINTS** faits à la main

Même si les couturiers des temps modernes se fient à leur machine pour confectionner des vêtements avec célérité, il se présente cependant des situations où les points réalisés à la main sont nécessaires ou préférables. Il se peut que vous ayez à employer le point coulé pour fermer une ouverture dans la doublure d'un gilet ou que vous aimiez simplement l'allure qu'a un ourlet réalisé avec un point d'ourlet invisible (p. 24). Bien entendu, il vous faudra également coudre des boutons sur les vêtements.

ENFILAGE DE L'AIGUILLE

Faites passer l'extrémité du fil dans le chas de l'aiguille, pour coudre avec un fil simple. Ou encore, pour coudre avec un fil double, pliez le fil en deux et passez-le à la pliure dans le chas de l'aiguille. Le fil le plus court du fil simple doit mesurer environ 20,5 cm (8 po). Une fois l'aiguille enfilée, enroulez l'extrémité du long fil autour de votre index. À l'aide de votre pouce, faites rouler le fil jusqu'au bout de votre index et avec le bout de l'ongle du majeur tirez dessus pour former un nœud.

CONSEIL Servez-vous d'un fil simple lorsque vous faites un point coulé ou un point d'ourlet et d'un fil double quand vous posez un bouton. Afin d'éviter les emmêlements, n'utilisez pas de fil mesurant plus de 46 cm (18 po) de l'aiguille au nœud. Si besoin est, passez le fil dans la cire d'abeille (p. 27).

POINT COULÉ

1 Glissez l'aiguille enfilée dans la pliure du tissu (entre le rentré et l'endroit du tissu), juste au-dessus de l'ouverture. Faites-la sortir dans la couture. Si vous êtes droitier, travaillez de droite à gauche. Si vous êtes gaucher, travaillez de gauche à droite.

2 Piquez l'aiguille dans la pliure, juste au-dessus de l'endroit où le fil est sorti et faites-la glisser dans la pliure sur environ 6 mm (¼ po). Faites sortir l'aiguille sur la pliure et tirez bien sur le fil. Piquez votre aiguille sur la pliure opposée, directement en face de l'endroit où vous avez sorti votre aiguille dans le point précédent.

3 Continuez de passer ainsi d'une pliure à l'autre jusqu'à ce que vous ayez cousu toute l'ouverture et que vous l'ayez dépassée. Renforcez votre couture en faisant plusieurs petits points dans la couture. Ensuite, faites un grand point, tirez bien sur le fil et coupez-le à ras la surface du tissu. Le bout du fil ira disparaître dans le tissu.

POSE D'UN BOUTON À PIED

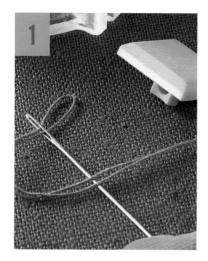

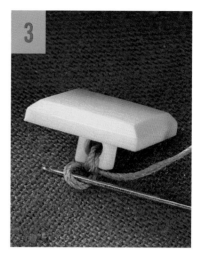

1 Déposez le bouton à l'endroit voulu, le trou du pied du bouton étant parallèle à la boutonnière. Sur l'endroit du tissu, faites un petit point d'arrêt.

2 Passez l'aiguille par le trou du pied du bouton. Piquez l'aiguille sous le pied à travers le tissu, ressortez de l'autre côté et tirez sur le fil. Refaites ce même point cinq ou six fois.

3 Arrêtez le fil dans le tissu sous le bouton en faisant un nœud ou plusieurs petits points. Coupez les bouts de fil qui dépassent.

POSE D'UN BOUTON PLAT

1 Déposez le bouton à l'endroit voulu, les trous étant parallèles à la boutonnière. Piquez l'aiguille sur l'envers du tissu et faites-la passer par un des trous du bouton. Faites passer l'aiguille dans un autre trou en piquant de l'endroit vers l'envers du tissu.

2 Glissez un cure-dents, une allumette ou une aiguille de machine à coudre entre les fils et le bouton pour ensuite pouvoir former un pied sous le bouton. Repassez trois ou quatre fois dans chaque paire de trous. Amenez l'aiguille et le fil sur le côté droit, sous le bouton. Retirez le cure-dents.

3 Enroulez le fil à deux ou trois reprises autour des fils pour former un pied. Arrêtez le fil à droite sous le bouton en faisant un nœud ou plusieurs petits points. Coupez le fil près du nœud.

Les OURLETS

Il existe plusieurs façons de faire des ourlets au bas des robes, jupes, pantalons, vestes et chemises. Certains s'exécutent à la machine, d'autres à la main. Ce sont le tissu, le style du vêtement et vos propres préférences qui viendront déterminer la méthode que vous choisirez. Si vous employez une méthode ne faisant pas appel à un rentré, il faudra finir le bord du tissu (p. 21) de façon appropriée avant de pouvoir faire l'ourlet.

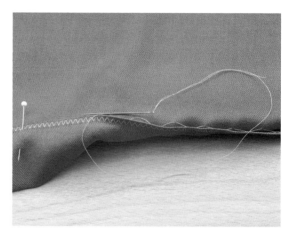

Point invisible. Rabattez le bord du tissu que vous venez de finir sur 6 mm (¼ po). Faites un point d'arrêt dans une ressource de couture. La pointe de l'aiguille et la direction du point sont identiques. Faites un petit point avant dans le tissu, en attrapant seulement un fil ou deux. À une distance variant de 6 à 13 mm (¼ à ½ po) de ce point, faites un autre tout petit point avant sur l'envers du rentré. Continuez ainsi en évitant de trop tirer sur le fil.

OURLETS FAITS À LA MAIN

Point de chausson invisible. Ce point se réalise de gauche à droite, la pointe de l'aiguille pointant dans le sens opposé de la direction où vous allez. Rabattez le bord du tissu que vous venez de finir sur 6 mm (¼ po). Faites un point d'arrêt dans une ressource de couture. Faites un petit point avant dans le tissu, en attrapant seulement un fil ou deux. À une distance variant de 6 à 13 mm (¼ à ½ po) de ce point, faites un autre tout petit point avant sur l'envers du rentré. Les points se croisent vu la position de l'aiguille.

Point coulé. Rabattez le bord vif du tissu sur 6 mm (¼ po) sous le rentré et repassez-le. Faites un point d'arrêt dans une ressource de couture. L'aiguille pointe dans la direction de votre ouvrage. Faites glisser l'aiguille enfilée dans la pliure du rentré (entre le rentré et l'endroit du tissu) sur une longueur de 6 mm (¼ po). Faites sortir l'aiguille dans la pliure et piquez sur le tissu immédiatement en face en ne prenant qu'un ou deux fils. Continuez ainsi sans trop tirer sur le fil.

OURLETS FAITS À LA MACHINE

Ourlet à double rentré. Ce genre d'ourlet avec deux surpiqûres parallèles visibles sur l'endroit s'emploie pour les vêtements tout-aller. Suivez les instructions données aux pages 98 et 99, étapes 2 et 3. Ce genre d'ourlet est particulièrement recommandé pour les bords où il n'est pas nécessaire de faire boire le tissu. Il faudra peut-être faufiler les rentrés avant de piquer pour bien les maintenir en place.

Point invisible à la machine. Suivez les instructions de votre manuel pour sélectionner le point et l'ajuster. Utilisez le pied-de-biche approprié. Testez le point sur une chute de tissu jusqu'à ce que vous soyez satisfait. Placez le rentré de l'ourlet sur la machine **(A)**, le tissu étant replié vers la gauche. Laissez environ 6 mm (¼ po) entre l'aiguille et le bord du rentré de l'ourlet tout en alignant le repli non repassé du tissu (à gauche) sur le guide du pied-de-biche. Piquez près de la pliure en vous assurant de ne prendre qu'un ou deux fils du tissu chaque fois que l'aiguille revient à gauche **(B)**. Quand vous avez fini, ouvrez le tissu et repassez.

Ourlet avec deux aiguilles. Piqué sur l'endroit du tissu, cet ourlet convient bien aux tricots vu qu'il s'étire légèrement. Plus les aiguilles sont espacées, plus l'ourlet sera extensible. Cependant, les piqûres espacées forment habituellement un renflement entre elles. Utilisez deux bobines de fil et enfilez les deux aiguilles. Sur la plaque à aiguille, placez un ruban qui vous servira de guide.

Les FOURNITURES

La couture comporte de nombreuses étapes : la prise de mesures, la disposition du patron, la coupe, le marquage, les piqûres et le repassage. À chacune de ces étapes, vous ferez appel à des fournitures et ustensiles spéciaux qui faciliteront votre travail et vous permettront de bien réussir vos articles de confection. Point besoin de vous procurer tous ces articles avant de commencer.

Par exemple, une paire de ciseaux bien aiguisés et un découseur vous suffiront pour tous les articles de confection proposés dans cet ouvrage. Vous vous procurerez certainement d'autres ustensiles à mesure que vous gagnerez en expérience et en intérêt.

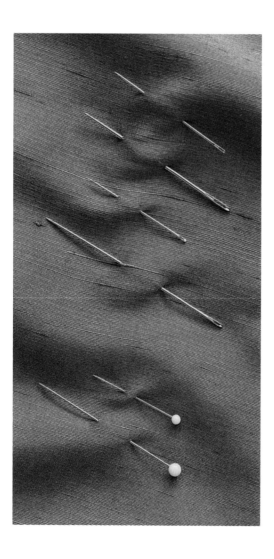

FOURNITURES POUR COUTURE À LA MAIN

Les aiguilles et les épingles existent dans une grande variété de dimensions et de styles. Procurez-vous des aiguilles et des épingles à l'épreuve de la rouille faites de laiton, d'acier plaqué nickel ou d'acier inoxydable. Sur illustration, de haut en bas :

Aiguille de couturière : aiguille tout usage de longueur moyenne pour la couture en général.

Aiguille à broder : aiguille pointue avec un gros chas et de longueur moyenne pour la broderie.

Aiguille courte : aiguille très courte avec un chas rond servant à matelasser et à faire des points très fins.

Aiguille longue : aiguille longue avec un chas rond servant à faire des points de faufil longs ou des fronces.

Épingle courte : épingle tout usage qui devrait être mince et mesurer 2,7 cm (1 $\frac{1}{16}$ po) de long. Les épingles avec une tête de verre coloré sont plus faciles à voir et se perdent moins que les épingles à tête plate.

Épingle longue : épingle mesurant 4,5 cm (1 $\frac{3}{4}$ po) de long, particulièrement employée en chapellerie et pour assembler des tissus épais ou gonflants.

A Dé à coudre : il protège votre doigt quand vous cousez à la main. De styles et tailles diverses, le dé se porte sur le doigt avec lequel vous poussez l'aiguille. La plupart des gens le portent sur le majeur ou l'annulaire. L'usage du dé est une question d'habitude : certaines personnes ne peuvent s'en passer, alors que d'autres le trouvent gênant.

B Pelote à épingles : elle vous procure un endroit sûr et fonctionnel où garder vos épingles. Certaines, avec un bracelet très pratique, se portent sur le poignet. D'autres, équipées d'un aimant, attirent et retiennent les épingles d'acier. Faites attention à ne pas placer d'ustensiles équipés d'un aimant près d'un appareil informatisé, car l'aimant pourrait interférer avec la mémoire de l'appareil.

C Enfile-aiguille : il facilite l'enfilage à la main et à la machine des aiguilles. Cet ustensile sera particulièrement utile si vous éprouvez des difficultés à voir les menus détails.

D Cire d'abeille : elle renforce le fil et l'empêche de s'emmêler quand on coud à la main.

OUTILS DE MESURE ET DE MARQUAGE

A Règle transparente : elle permet de voir ce que vous mesurez et marquez. Elle sert également à vérifier le sens du tissu.

B Règle à mesurer : elle devrait être faite de bois dur ou de métal.

C Mètre ruban : pratique parce que flexible, il sert à mesurer des objets ayant des arrondis et des formes. Choisissez-en un fait d'un matériau qui ne s'étire pas.

D Règle à curseur : petite règle de 15 cm (6 po) en métal ou en plastique munie d'un curseur coulissant et d'encoches de marquage. Elle sert à prendre des mesures rapidement et efficacement, ainsi qu'à mesurer la largeur des ressources de couture.

E Équerre ou té : règle transparente en forme de T qui permet de trouver le sens du tissu et les fibres irrégulières, de rectifier les patrons et de finir les extrémités à angle droit.

F Craie de tailleur : on trouve la craie sous diverses formes. En poudre dans un distributeur à roulette, en crayon ou en morceau plat. Les traces de craie s'éliminent facilement sur la plupart des tissus.

G Crayons à marquer le tissu : leurs traces s'éliminent soit à l'air (en 48 heures), soit à l'eau (avec un jet d'eau).

H Bande de papier-cache étroit : elle sert à marquer le tissu lorsque les autres méthodes ne conviennent pas.

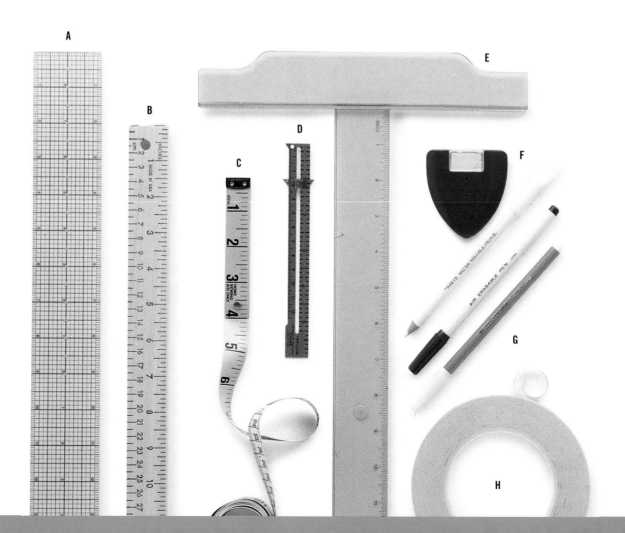

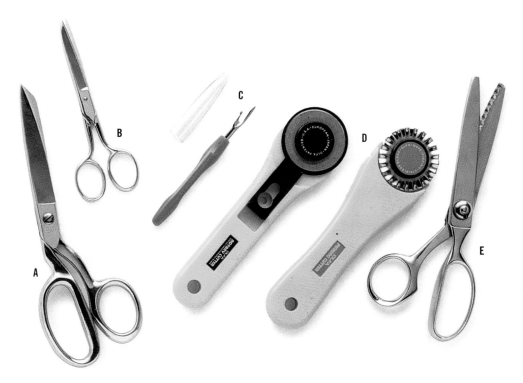

OUTILS DE COUPE

Procurez-vous du matériel de qualité et servez-vous en uniquement pour la couture! Si vous coupez du papier ou d'autres articles ménagers avec vos outils de couture, ils seront rapidement émoussés. Les outils émoussés sont désagréables à utiliser et peuvent endommager le tissu. Il y a les grands ciseaux de coupe ou de tailleur (un des anneaux permet de passer plusieurs doigts), les ciseaux de couturière (anneaux identiques), les ciseaux à cranter, les ciseaux à boutonnière et les ciseaux à broder. Les meilleurs ciseaux sont faits d'acier trempé inoxydable de haute qualité et sont finement aiguisés. Les lames devraient être assemblées par une vis réglable qui permet de donner une pression égale tout le long de la lame. Faites régulièrement aiguiser vos outils de coupe par un aiguiseur qualifié.

A Les ciseaux de coupe (ou de tailleur) sont idéaux pour tailler le tissu parce que l'angle que la lame du bas fait avec la poignée permet au tissu de rester à plat sur la surface de coupe. On se sert le plus souvent de ciseaux mesurant 18 ou 20,5 cm (7 ou 8 po), mais on en trouve qui mesurent jusqu'à 30,5 cm (12 po). Choisissez une longueur de lame qui convienne à la grandeur de votre main (ciseaux courts pour petite main). Il existe également des ciseaux pour gaucher. Si vous savez que vous coudrez beaucoup, offrez-vous une solide paire de ciseaux de tailleur en acier plaqué chrome. Les modèles plus légers avec des lames en acier inoxydable et des poignées de plastique conviennent pour des travaux moins fréquents ou des tissus légers.

B Les ciseaux de couturière, dotés d'une lame effilée et d'une lame arrondie, servent à couper les fils à réduire et entailler les ressources de couture. Des ciseaux de 15 cm (6 po) conviennent à la plupart des tâches.

C Le découseur permet de défaire les points d'une couture et de faire des fentes de boutonnière. Servez-vous en avec prudence pour éviter de couper le tissu.

D Le couteau rotatif fonctionne comme la roulette à découper la pizza et peut servir aux droitiers comme aux gauchers. Un mécanisme de verrouillage de sécurité permet de rétracter la lame. Quand vous taillez avec ce couteau, servez-vous d'un tapis en plastique spécial (autoreconstituant) qui protège aussi bien la surface de travail que la lame et que l'on trouve en divers formats, équipés ou non de quadrillage.

E Les ciseaux et les roulettes à denteler servent à finir les coutures en coupant le tissu en zigzag ou en dentelures au lieu de lignes droites.

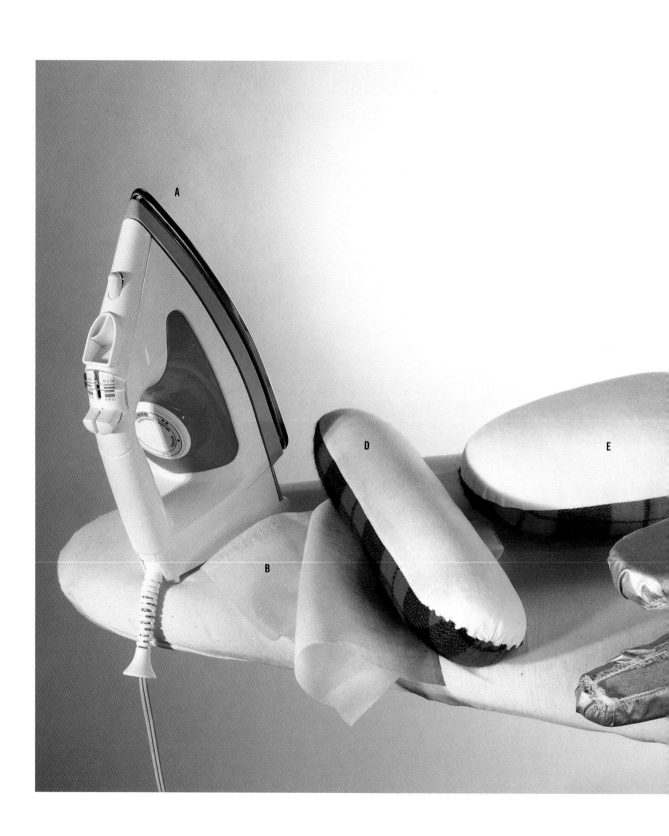

FOURNITURES POUR LE REPASSAGE

Le secret pour réaliser à la perfection un article, c'est de le repasser à chaque étape de sa confection. La règle générale est d'ouvrir et de repasser toute couture avant de la piquer sur une autre couture.

A Le fer à repasser à vapeur devrait avoir un grand éventail de températures pour convenir à toutes sortes de tissus. Procurez-vous un fer de bonne marque qui sera fiable. Vous apprécierez un fer qui fera de la vapeur et qui vaporisera à toutes les températures, pas seulement aux températures élevées, surtout pour les tissus synthétiques.

B La pattemouille sert à empêcher les marques brillantes que peut laisser le fer et s'emploie toujours quand on applique des textiles thermocollants. Sa transparence vous permet de voir si le tissu n'est pas plissé et si les épaisseurs de tissu sont bien alignées.

C La plaque en téflon qui s'adapte à la plupart des fers à repasser élimine l'usage d'une pattemouille.

D Le polochon est un coussinet cylindrique et dur qui permet d'ouvrir les coutures au fer. Comme le tissu descend sur les côtés et ne touche pas au fer, aucune marque ne sera laissée par les ressources de couture sur l'endroit du tissu.

E Le coussin de tailleur est un gros coussinet dur qui sert à repasser les parties incurvées d'un vêtement.

F La jeannette est composée de deux petites planches à repasser qui sont fixées l'une à l'autre sur leur envers. Elle est très pratique pour repasser les manches ou toute autre forme tubulaire sur une seule épaisseur de tissu. On évite ainsi les plis indésirables.

Les **FOURNITURES** spéciales

I existe un grand nombre de produits et de gadgets spéciaux pour faciliter les diverses étapes des travaux de couture. Avant d'employer un nouveau produit, lisez attentivement les recommandations du fabricant pour savoir comment le manipuler ou en prendre soin, et pour comprendre à quels types de tissus ou de techniques de couture il convient particulièrement. Voici quelques fournitures spécialisées que vous trouverez dans les magasins de tissus et qui vous aideront peut-être à réaliser vos vêtements, vos accessoires ou vos articles de maison.

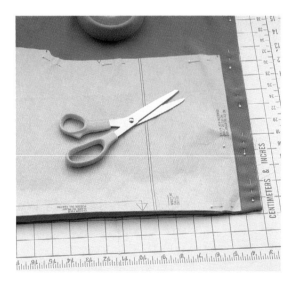

Planche à tailler : elle empêche de rayer les tables et elle est disponible en carton, en plastique ou en format rembourré. Elle sert à bien tenir le tissu pendant la taille. Mettez le tissu d'équerre en vous servant des quadrillages et utilisez les carreaux de 2,5 cm (1 po) comme échelle de mesure instantanée.

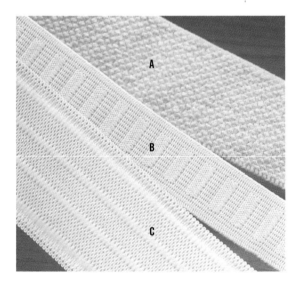

Élastiques : ils s'achètent dans une grande variété de largeurs et de styles, soit au mètre (verge), soit en paquet. Les élastiques souples (**A**) s'emploient pour les pyjamas ou les caleçons boxeur ; les élastiques qui ne roulent pas (**B**) restent à plat dans la coulisse ; certains élastiques très larges ont des rainures pour faire des surpiqûres (**C**).

Passe-lacet : il sert à passer un cordon ou un élastique dans une **COULISSE**. Une de ses extrémités tient fermement le cordon ou l'élastique, alors que l'autre a un bout arrondi et permet de faire passer le cordon ou l'élastique dans la couture.

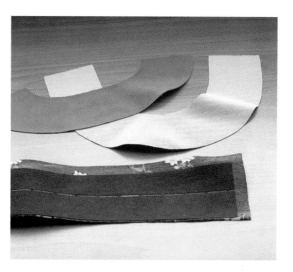

Entoilage : il ajoute rigidité et corps au vêtement. Placé entre les épaisseurs de tissu, il sert à renforcer les parties du vêtement qui subissent beaucoup de tension (encolure, ceinture, poche, fermetures, boutons et boutonnières). On les trouve sous trois formes : les tissés (raides ou extensibles), les synthétiques ou les extensibles. Les entoilages thermocollants sont les plus pratiques.

Safran : cet instrument pratique sert à faire des coins parfaits, par exemple dans le haut d'une poche, à la fin d'une ceinture de taille ou dans les angles d'une taie d'oreiller. Glissez l'instrument dans l'article que vous confectionnez et poussez délicatement le tissu avec la pointe du safran pour bien faire sortir l'angle.

Liquide pour prévenir l'effilochage : ce plastique liquide incolore empêche l'effilochage en faisant raidir légèrement le tissu. Il sert particulièrement lorsque vous avez entaillé ou cranté trop loin dans une couture ou que vous voulez renforcer une boutonnière. Comme il peut décolorer certains tissus, il vaut mieux le tester avant usage et l'appliquer avec soin. Ce liquide s'élimine avec de l'alcool et, quand il est sec, il résiste au nettoyage à sec et au lavage.

SUITE À LA PAGE SUIVANTE

Bâton de colle : c'est un substitut avantageux à l'épinglage ou au faufilage lorsque vous avez besoin de fixer temporairement un article avant de le piquer à la machine. Cet adhésif temporaire, qui s'escamote dans un tube, s'applique en petites touches. Il ne décolore pas le tissu et part complètement au lavage. Il n'abîme pas non plus la machine à coudre et n'encolle pas l'aiguille pendant que vous piquez.

Ciseau à boutonnière : cet outil pratique permet d'entailler avec précision en leur centre les boutonnières. Il est accompagné d'un socle de bois que l'on pose sous le tissu et qui protège la surface de travail. Même si on peut utiliser des ciseaux ou un découseur pour entailler les boutonnières, cet outil est beaucoup plus précis et coupe moins les points de piqûre.

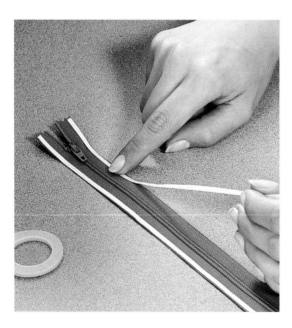

Ruban à « faufilage » : c'est un ruban adhésif à double face dont on se sert à la place du faufilage ou de l'épinglage. Il est particulièrement utile pour faire des raccords de motifs, poser des fermetures à glissière ou positionner des garnitures. Certains fabricants recommandent de ne pas piquer à la machine sur ce ruban parce que l'adhésif peut s'accumuler sur l'aiguille.

Ruban thermocollant avec papier protecteur : il se vend en rouleaux de différentes largeurs. On le trouve également en grand rouleau pour l'acheter au mètre (verge). Il fait économiser du temps, car il maintient les morceaux de tissu ensemble sans qu'on ait à les piquer. Par exemple, vous pourriez vous servir de ce ruban étroit pour finir l'ourlet de côté d'un store au lieu de le piquer. On retire le ruban de papier protecteur qui se trouve dessus une fois que la toile est collée sur le tissu.

Passepoil : c'est un cordonnet recouvert de tissu qui est pris dans une couture ou piqué sur le bord d'un article pour renforcer ce dernier et lui donner une finition décorative. Il existe en de nombreuses couleurs et en divers diamètres, au mètre (verge) ou en paquets.

Biais à rentré simple : ce genre de biais sert à finir les bords arrondis, entre autres les nappes rondes. Le fabricant aura coupé les bandes de biais, les aura assemblées, pliées et repassées pour rendre leur pose plus aisée. On trouve ces bandes de biais au métrage ou en paquets de diverses longueurs et dans une vaste gamme de couleurs.

Ouatine : tissu de coton, de polyester ou de mélange coton-polyester peu épais, vendu en paquet, qui sert à matelasser des articles, comme les sets de table et les courtepointes.

Galon de couverture : ce galon ressemble à un large ruban de satin que l'on a plié en deux pour finir le bord d'une couverture. Vendue en paquets et en longueur convenant aux couvertures de bébé, ce genre de bande existe en blanc et en un assortiment de couleurs pastel. Parce qu'elle est solide et comporte un pli permanent, cette bande est facile à poser tout en étant douce et soyeuse pour la peau des bébés.

Les TISSUS et les TEXTILES

La sélection du bon tissu pour réaliser vos articles de couture peut parfois vous dépasser. Les quelques directives simples qui suivent devraient cependant vous aider à orienter vos choix. Une bonne façon d'en apprendre sur les tissus, c'est de flâner dans un magasin de tissus, de les toucher, de vérifier leur composition et de lire les recommandations d'entretien qui sont imprimées au bout des rouleaux. Vous savez peut-être déjà si vous désirez une couleur unie, un imprimé ou un tissu multicolore. Avez-vous besoin d'acheter un tissu qui peut se laver fréquemment? Le voulez-vous lisse ou texturé, raide ou plombant, léger ou lourd? Une connaissance de base sur les tissus ainsi qu'une bonne préparation vous permettront de faire des choix avisés et d'éviter des erreurs coûteuses.

MATIÈRES TEXTILES

Les matières textiles naturelles proviennent de fibres animales ou végétales qui sont filées par étirage et torsion, le coton, la laine, la soie et le lin étant les plus communes. Les fibres naturelles sont les plus faciles à coudre. Les textiles synthétiques sont faits de fibres de nylon, d'acrylique, d'acétate et de polyester. La rayonne est un textile artificiel fabriqué à partir de fibres végétales. Les diverses fibres ont des caractéristiques uniques, qui conviennent selon les besoins. De nombreux tissus sont faits d'un mélange de fibres naturelles et de fibres synthétiques, vous faisant ainsi profiter des meilleures qualités de chacune d'elle. C'est le cas du mélange coton-polyester, la première fibre assurant le confort parce qu'elle respire et la deuxième, l'avantage de ne pas se froisser.

COTON

CRÊPE

LIN

SOIE DOUPION

ACRYLIQUE
TISSÉ

ACÉTATE

POLYESTER

VELOURS
DE RAYONNE

NYLON PLISSÉ

Les tissus synthétiques sont manufacturés dans l'intention de ressembler, au regard et au toucher, aux tissus naturels. Le polyester ressemble au coton ou à la soie, l'acétate et le nylon brillent comme la soie, et l'acrylique reproduit la texture et l'apparence de la laine.

Plus de détails sur les TISSUS

TISSUS TISSÉS

Les tissus tissés ont leurs fils de chaîne et leurs fils de trame qui s'entrecroisent selon différents modes, ce qui donne différents types d'armure, ainsi que des textures et des apparences diverses (armures toile, sergé, satin, etc.). Les bords du tissu, appelés **LISIÈRES**, doivent généralement être éliminés parce qu'ils sont souvent plus épais que le reste du tissu et peuvent rétrécir au lavage ou au repassage. Les fils du tissu se croisent, les **FILS DE CHAÎNE** étant les fils solides, stables, longitudinaux et par conséquent parallèles aux lisières, et les **FILS DE TRAME** étant perpendiculaires à ces derniers et ayant un peu plus d'élasticité que les premiers. Toute diagonale entre le croisement des fils de chaîne et de trame s'appelle **BIAIS** et a une forte élasticité.

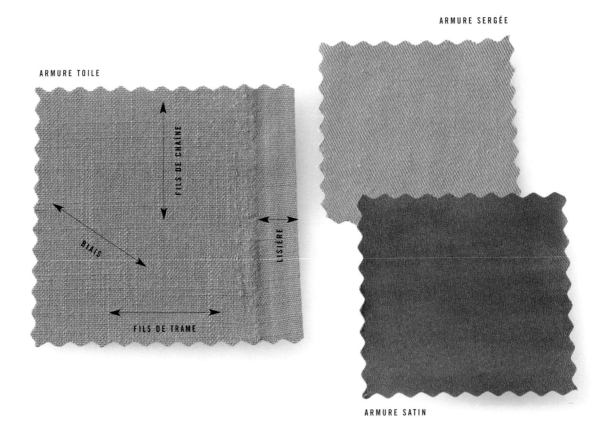

ARMURE SERGÉE

ARMURE TOILE

FILS DE CHAÎNE

BIAIS

LISIÈRE

FILS DE TRAME

ARMURE SATIN

LES TRICOTS

Les tissus extensibles, ou tricots, sont des tissus à fils accrochés, comme c'est le cas pour les chandails tricotés à la main, mais leurs mailles sont cependant plus serrées. Les tricots sont plus flexibles que les autres types de tissus et sont tous extensibles, ce qui veut dire que les vêtements faits avec eux ont moins besoin d'être ajustés et qu'ils offrent une plus grande liberté de mouvement. Lorsque vous décidez de coudre des vêtements en tricot, procurez-vous un patron spécialement conçu pour ce genre de tissu.

Les tricots sont des tissus à fils accrochés. Les **CÔTES** sont des colonnes de mailles disposées sur la longueur et les **RANGS**, des colonnes sur la largeur. Les premières correspondent à la chaîne et les secondes, à la trame.

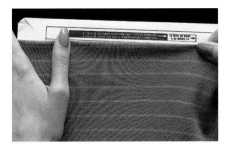

Les patrons conçus pour les tricots comprennent une jauge d'élasticité. Pliez le tissu dans le sens de la trame à plusieurs centimètres (pouces) d'un bord vif et testez son degré d'élasticité par rapport à la jauge. Si le tissu s'étire selon le montant nécessaire indiqué, c'est qu'il convient au patron.

TISSU ÉPONGE
EXTENSIBLE

MOLLETON
SYNTHÉTIQUE
(POLAR)

TRICOT À
MAILLES
RETOURNÉES

MOLLETON POUR
SURVÊTEMENT

TRICOT FANTAISIE

MOIRÉ

COTON
IMPRIMÉ
GLACÉ

JACQUARD

SERGÉ (en haut,
à droite)

COTON GLACÉ UNI

ARMURE FANTAISIE

Encore plus de détails sur les TISSUS

LES MAGASINS DE TISSUS

Les tissus sont divisés en deux sections dans les magasins : les tissus d'ameublement et les tissus de confection. Les tissus d'ameublement sont en général plus résistants que les tissus de confection, et la plupart d'entre eux ont reçu un apprêt anti-taches. Ces tissus servent à confectionner des coussins, des housses, des rideaux et des cantonnières, ainsi que d'autres articles de décoration intérieure. Ils viennent en diverses largeurs (trame), 122 ou 137 cm (48 ou 54 po), bien qu'on en trouve souvent dans de plus grandes largeurs, en rouleaux autour de tubes cartonnés.

Les tissus de confection sont généralement pliés en deux et enroulés autour de plaques cartonnées. Les largeurs les plus communes sont 90, 115 ou 150 cm (36, 45 ou 60 po). Même si les tissus de confection sont justement destinés à la confection de vêtements, ils conviennent aussi à la décoration intérieure. La plupart des magasins classent leurs tissus selon les fibres ou le style. Par exemple, tous les lainages et tissus avec laine, idéaux pour jupes, pantalons et vestes, seront regroupés dans une même section. Tous les tissus pour le mariage et les occasions spéciales se retrouvent aussi dans une section et les cotonnades dans une autre encore. Comme ce n'est pas la règle absolue, il est recommandé de prendre le temps de se familiariser avec votre magasin de tissus.

PRÉPARATION DU TISSU

Avant de commencer, faites subir une **PRÉ-RÉTRÉCISSEMENT** aux tissus lavables en les lavant et en les faisant sécher comme vous le feriez pour un vêtement terminé. Vu que la plupart des tissus d'ameublement ne sont pas lavables et qu'ils doivent être nettoyés à sec, vous pouvez les faire rétrécir au fer à vapeur, en repassant de façon égale les deux sens du tissu. Laissez-les sécher avant de les bouger.

   L'endroit du tissu est en général évident et c'est celui que vous voudrez utiliser. Mais, il arrive parfois que l'on veuille utiliser l'envers du tissu. Le choix vous appartient! Le plaisir de coudre, c'est en partie faire ce que bon vous semble!

VELOURS
CÔTELÉ
DE COTON

SOIE

MOLLETON DE POLYESTER

TOILE À JEAN (DE NÎMES)

LIN

La coupe des TISSUS D'AMEUBLEMENT

Couper un morceau de tissu tout neuf rend un peu nerveux, surtout si l'on tient compte du prix qu'on l'a payé. Voici quelques conseils qui vous redonneront confiance et vous permettront de couper votre tissu avec assurance.

Après avoir lavé le tissu pour le faire rétrécir, redressez les bords coupés selon une des trois méthodes proposées ci-contre. Ensuite, marquez les autres lignes de taille en vous servant du bord redressé comme guide. Avant de tailler de gros morceaux de tissu destinés à de grands articles de décoration intérieure, comme les nappes, les festons de fenêtres ou les stores « bateau », marquez avec des épingles l'emplacement de chaque découpe le long des **LISIÈRES**. Pour des morceaux plus petits, comme des coussins décoratifs ou des serviettes de table, marquez les contours à la craie. Vérifiez vos mesures à deux reprises et localisez les défauts dans le tissu, s'il y en a. Une fois que votre tissu est coupé, il est impossible de faire marche arrière. Pour vous assurer que les grosses pièces restent droites une fois qu'elles sont accrochées ou étalées, il faut que les longueurs de tissu soient coupées le long du droit fil. Autrement dit, il faut qu'elles soient coupées dans le sens exact de la **CHAÎNE**. Comme les tissus avec motifs répétitifs se coupent en fonction de la **RÉPÉTITION DU MOTIF** plutôt qu'en fonction du sens du tissu, il faut que les motifs soient bien *imprimés sur le droit fil.*

Pour les tissus à armure très serrée et sans motif, marquez les lignes de redressement dans le sens de la trame en vous servant d'une équerre de menuisier. Alignez un côté de l'équerre sur une lisière et marquez le tissu en suivant le bord de l'autre côté de l'équerre.

Pour les tissus à armure plus lâche, comme ceux destinés au linge de maison, tirez un fil dans le sens de la trame, d'une lisière à l'autre, et taillez le long de la ligne laissée par le fil manquant.

ANNOTATION ÉCLAIR

Imprimé sur le droit fil: ceci veut dire que le motif se répète exactement au même niveau un peu plus loin sur la trame du tissu. Pour vérifier un tissu avant de l'acheter, mettez-le à plat et repliez-le sur lui-même en alignant les lisières l'une sur l'autre. Froissez ensuite la pliure sur toute la longueur avec vos doigts, dépliez le tissu et vérifiez si le pli passe au même endroit du motif sur les deux côtés du tissu. De légères différences de moins de 5 cm (2 po) peuvent se corriger en étirant le tissu diagonalement.

Évitez d'acheter des tissus dont l'impression est décalée de plus de 5 cm (2 po), car vous ne pourrez pas les redresser et votre ouvrage pendra sur le côté.

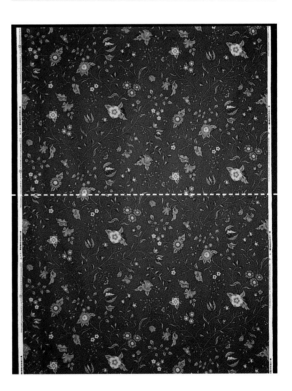

Pour les tissus d'ameublement à armure très serrée et avec motif, marquez les deux lisières à l'endroit exact de la répétition du motif. À l'aide d'une longue règle plate, tracez une ligne entre les deux marques. Si vous devez assembler deux largeurs de tissus ou plus, taillez tous vos morceaux au même endroit du motif. Cela signifie que vous devez tailler vos morceaux plus longs que nécessaires, les assembler et ensuite les réduire à la longueur voulue.

Les raccords de MOTIFS

La réalisation de **COUTURES** avec des motifs rapportés ou tissés vous demandera quelques étapes supplémentaires pour vous assurer que le motif se suit sans interruption d'une largeur de tissu à l'autre.

1 Mettez deux morceaux de tissu endroit contre endroit, en alignant les lisières. Repliez la **LISIÈRE** du dessus sur elle-même jusqu'à ce que les motifs coïncident. Faites légèrement glisser le tissu du dessus vers le bas ou le haut pour que les motifs soient exactement alignés. **REPASSEZ** la ligne de pliure.

2 Rabaissez la lisière repassée et épinglez les morceaux ensemble, en piquant les épingles dans la ligne de pliure et parallèlement à cette dernière.

3 Ouvrez le tissu sur l'endroit et vérifiez si les motifs coïncident bien. Ajustez si nécessaire.

4 Épinglez de nouveau les deux morceaux ensemble en piquant cette fois-ci les épingles perpendiculairement à la pliure. Piquez en suivant la marque de la pliure et en enlevant les épingles à mesure que vous vous en approchez.

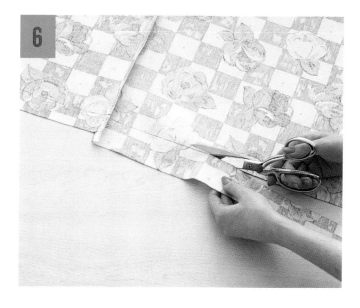

5 Vérifiez une autre fois le raccord sur l'endroit et ajustez si nécessaire. Réduisez les lisières en laissant une **RESSOURCE DE COUTURE** de 1,3 cm (½ po).

6 Retaillez le morceau pour lui donner la **LONGUEUR** voulue selon les indications. (Rappelez-vous que la longueur initiale à couper pour un tissu à motif comprend un supplément de tissu à cause de la **RÉPÉTITION DU MOTIF**).

Le choix du PATRON

L es grands fabricants de patron s'en tiennent à une gradation uniformisée fondée sur des mensurations standard. Il en va un peu autrement pour les vêtements faits sur mesure.

LA TAILLE

Afin de sélectionner la bonne taille de patron, vous devez d'abord prendre vos mensurations. Pour cela, portez vos sous-vêtements habituels et servez-vous d'un ruban à mesurer non extensible. Il sera peut-être plus facile de demander à une autre personne de prendre vos mesures. Prenez-les en note et comparez-les aux mesures du tableau figurant au verso du patron ou à la fin d'un livre de patrons.

LA PRISE DES MESURES

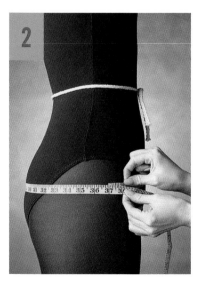

1 **Taille**. Attachez une ficelle ou un élastique autour de votre tronc, et faites-le rouler jusqu'à la ligne naturelle de taille. Prenez la mesure de la taille exactement à cet endroit avec un mètre ruban. Laissez la ficelle en place, car elle servira de ligne de référence pour trouver le niveau des hanches et mesurer la longueur du dos.

2 **Hanches**. Mesurez la partie la plus pleine de vos hanches, qui se situe habituellement entre 18 et 23 cm (7 et 9 po) sous la ligne de taille.

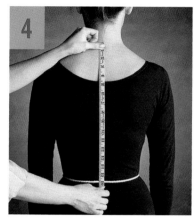

3 Buste. Faites passer le mètre ruban à sous les aisselles, sur la partie la plus large du haut du dos et la plus pleine de la poitrine.

4 Hauteur du dos. Mesurez à partir de la vertèbre la plus proéminente de la nuque jusqu'à la ficelle à la ligne de la taille.

SÉLECTION D'UN PATRON

Il est beaucoup plus créatif de choisir un patron pour créer un vêtement que de choisir un vêtement à partir d'un catalogue de prêt-à-porter. Les patrons ne vous limitent pas aux tissus, aux couleurs, aux longueurs de jupes ou aux garnitures qui y sont illustrés. Libre à vous de choisir les éléments qui correspondent le mieux à votre style et sont les plus flatteurs pour vous.

Les grands fabricants de patrons publient de nouveaux catalogues à chaque saison, ce qui signifie que les tendances des couturiers que l'on retrouve en magasin figurent également dans les catalogues à côté des tendances plus classiques. Il existe des patrons à confection rapide et facile, ainsi que des patrons plus complexes pour les personnes plus expertes. Les morceaux du patron énumérés à l'endos de l'enveloppe du patron donnent une idée de sa complexité. Moins il y a de morceaux, plus le vêtement sera simple à réaliser. Il sera peut-être indiqué aussi si le patron convient uniquement aux tricots.

Les catalogues de patrons sont en général divisés par catégories de vêtements à l'aide d'intercalaires. Les vêtements dernière mode figurent souvent dans les premières pages de chaque catégorie. Les illustrations sont accompagnées d'information sur les tissus à employer et le métrage recommandé. À la fin du catalogue, un index donne la liste, par ordre numérique, des patrons ainsi que le numéro de la page où ils se trouvent. À l'endos du catalogue, on trouve un tableau complet des mesures pour divers types de silhouette.

Tout sur les **PATRONS**

L'enveloppe du patron contient une foule de renseignements. Au recto, figure généralement une illustration ou une photo du vêtement fini ainsi que des variantes que l'on peut réaliser avec le patron. Au verso, vous trouverez des informations détaillées concernant le choix du tissu et les articles de mercerie nécessaires.

RECTO DE L'ENVELOPPE

Le nom de la compagnie et le numéro du patron, qui correspond au numéro du catalogue, apparaissent clairement.

Une photographie ou une illustration présente le patron principal réalisé avec un tissu approprié et laisse voir si le vêtement moule le corps ou pas.

La ou les tailles comprises dans le patron sont indiquées près du numéro. La plupart des patrons comprennent plusieurs tailles.

Des annotations spéciales précisent s'il faut utiliser un tricot, s'il est facile à réaliser, s'il exige un ajustement spécial, etc.

Des illustrations identifiées par des lettres présentent les variantes réalisables avec le patron. La longueur, l'ampleur ou d'autres éléments peuvent varier.

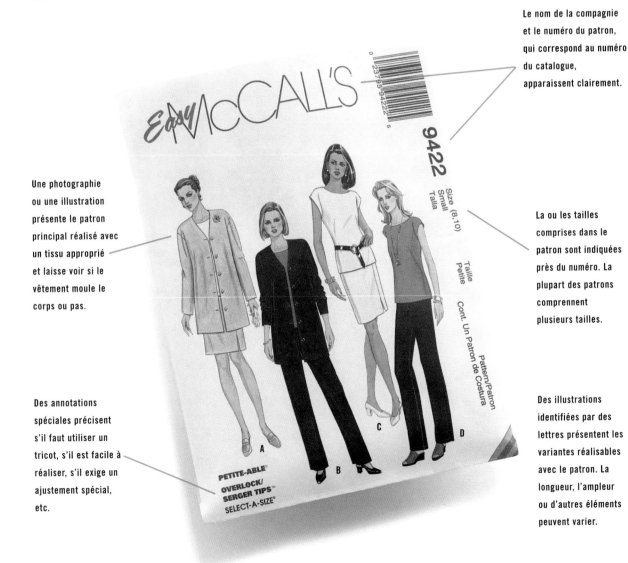

VERSO DE L'ENVELOPPE

Le métrage nécessaire pour la confection de chaque variante et de chaque taille du vêtement est indiqué dans le tableau. Sur la gauche, vous trouverez la variante et la largeur du tissu. En haut du tableau, vous trouverez votre taille. La rencontre de ces deux colonnes vous donne le métrage nécessaire. Le métrage pour l'entoilage (p. 33) et l'élastique (p. 32) est aussi indiqué. Les mesures figurent en système métrique et impérial (Amérique du Nord).

Les tissus recommandés pour confectionner les vêtements vous aideront à faire votre choix. Ce paragraphe vous indiquera aussi si certains tissus ne conviennent pas, entre autres les tissus rayés ou à motif unidirectionnel.

Le numéro du patron se répète au verso.

Le nombre de morceaux du patron vous donne une idée de la facilité ou de la difficulté de réalisation du vêtement.

Les descriptions concernant le vêtement comprennent son style, le genre d'ajustement et le montage pour chacune des illustrations.

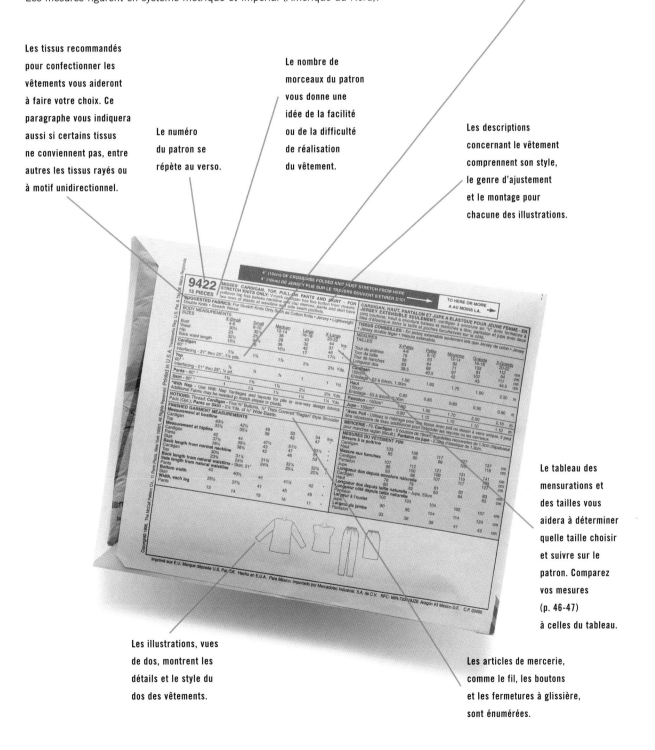

Le tableau des mensurations et des tailles vous aidera à déterminer quelle taille choisir et suivre sur le patron. Comparez vos mesures (p. 46-47) à celles du tableau.

Les illustrations, vues de dos, montrent les détails et le style du dos des vêtements.

Les articles de mercerie, comme le fil, les boutons et les fermetures à glissière, sont énumérées.

Le contenu de l'ENVELOPPE

M ême si vous aimez les casse-tête, le premier regard posé sur le contenu de l'enveloppe pourrait peut-être vous inquiéter.

VOUS Y TROUVEREZ
CES ÉLÉMENTS :

Dessins détaillés
du devant et du
dos de chacune
des variantes.

Conseils d'ordre général pour la confection ; légende explicative des symboles employés sur les morceaux du patron ; et certaines techniques de confection de base.

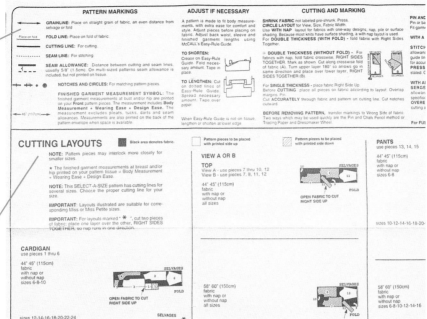

Diverses façons de disposer le patron sur le tissu selon les largeurs de tissu et les variantes du vêtement, dans chaque taille. Des dispositions spéciales sont données pour les tissus à ÉTALEMENT UNIDIRECTIONNEL.

Chaque morceau du patron est identifié par un numéro et une désignation.

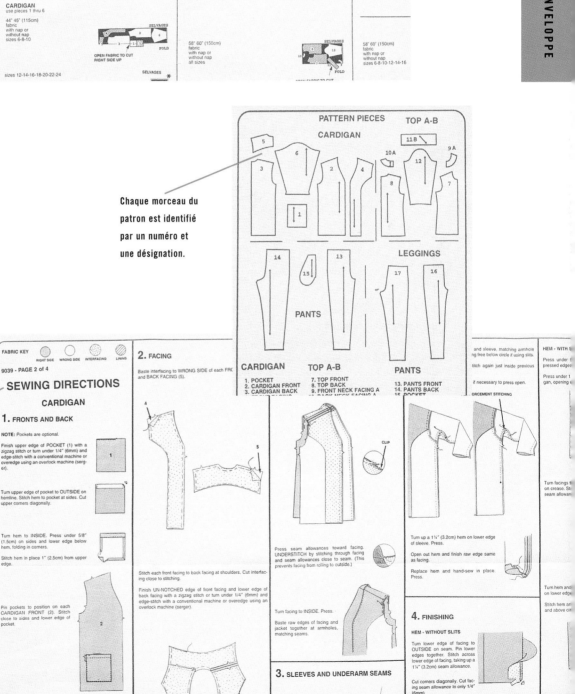

Des instructions expliquent pas à pas comment réaliser le vêtement, chaque étape étant accompagnée d'un schéma. L'endroit du tissu est habituellement ombragé, alors que l'envers ne comporte aucune coloration. L'entoilage se distingue souvent par des pointillés.

La **DISPOSITION** du patron sur le tissu

Tous les fabricants de patrons emploient un système universel de symboles sur leurs patrons, symboles qui vous aident à disposer les morceaux sur le tissu, à couper, à assembler les lignes de couture et à les piquer, ainsi qu'à marquer l'emplacement des boutons, des boutonnières et des ourlets. À part ces symboles, des instructions essentielles figurent aussi sur les morceaux du patron.

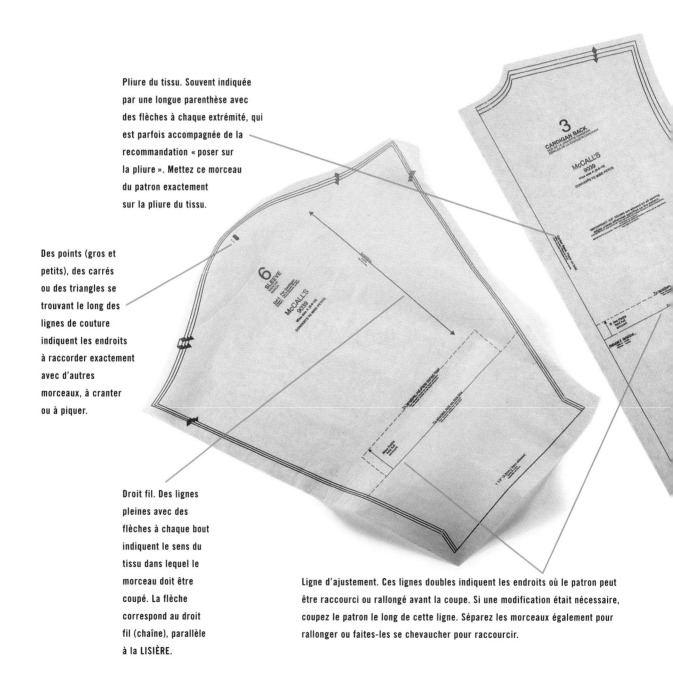

Pliure du tissu. Souvent indiquée par une longue parenthèse avec des flèches à chaque extrémité, qui est parfois accompagnée de la recommandation « poser sur la pliure ». Mettez ce morceau du patron exactement sur la pliure du tissu.

Des points (gros et petits), **des carrés** ou **des triangles** se trouvant le long des lignes de couture indiquent les endroits à raccorder exactement avec d'autres morceaux, à cranter ou à piquer.

Droit fil. Des lignes pleines avec des flèches à chaque bout indiquent le sens du tissu dans lequel le morceau doit être coupé. La flèche correspond au droit fil (chaîne), parallèle à la LISIÈRE.

Ligne d'ajustement. Ces lignes doubles indiquent les endroits où le patron peut être raccourci ou rallongé avant la coupe. Si une modification était nécessaire, coupez le patron le long de cette ligne. Séparez les morceaux également pour rallonger ou faites-les se chevaucher pour raccourcir.

Lignes de couture. De longs pointillés se trouvent environ 1,5 cm (⅝ po) à l'intérieur des lignes de coupe. Souvent, les patrons comportant plusieurs tailles n'affichent pas de lignes de couture.

Lignes de coupe. Ces lignes pleines sur le pourtour du patron sont souvent symbolisées par des ciseaux. Coupez en suivant ces lignes. Si le patron comprend plusieurs tailles, il se peut que les lignes de coupe soient différentes (pleines, pointillés, brisées) afin que vous puissiez les distinguer.

Crans. Des symboles en forme de losange permettent de découper des crans sur la ligne de coupe pour ensuite assembler et piquer les morceaux. Ces symboles sont parfois numérotés pour indiquer l'ordre dans lequel les morceaux doivent être assemblés et piqués.

Boutons et boutonnières. Des lignes pleines indiquent la longueur des boutonnières correspondant à la grosseur des boutons indiqués au verso du patron. Un « X » ou un bouton symbolise l'emplacement et la grosseur du bouton.

Emplacements détaillés. Des lignes pleines ou brisées indiquent l'emplacement des poches ou d'autres détails. Marquez à la craie pour bien placer les morceaux.

Ligne d'ourlet. La ressource pour le rentré d'ourlet, imprimée au bord de la ligne de coupe, est à rajouter. Vous la replierez et la rajusterez au besoin quand vous finirez l'ourlet.

SUITE À LA PAGE SUIVANTE

La **DISPOSITION** du patron sur le tissu

SUITE

Choisissez une grande surface de travail, par exemple, une grande table recouverte de votre planche à tailler (p. 32). Puis rassemblez tous les morceaux du patron dont vous aurez besoin et repassez au fer sec ceux qui sont froissés.

Trouvez et encerclez le schéma de disposition de patron qui vous convient (p. 51) sur la feuille d'instruction accompagnant le patron. Ces schémas vous indiquent en général les méthodes les plus faciles et les plus efficaces pour position-ner les morceaux du patron. Certains tissus ayant un **ÉTALEMENT UNIDIRECTIONNEL** (leur texture va dans un sens ou l'autre de la chaîne), il faudra disposer tous les morceaux du patron dans la même direction.

Pliez le tissu en deux dans le sens de la longueur. Étendez-le bien à plat sur la surface de travail en vous assurant que les **LISIÈRES** sont bien parallèles à la **CHAÎNE** et perpendiculaires à la **TRAME**. Disposez les morceaux du patron sur le tissu comme le schéma l'indique. Les morceaux du patron blancs sur le schéma de disposition doivent être positionnés avec le texte sur le dessus et les morceaux ombragés, avec le texte contre le tissu. Assurez-vous de bien respecter toute autre recommanda-tion de disposition du patron. Une fois que tous les morceaux sont en place, épinglez-les au tissu. Ne commencez pas à tailler avant que tous les morceaux ne soient fixés.

ÉPINGLAGE

A. Placez d'abord les morceaux qui doivent être coupés sur la pliure. Placez chacun d'eux directement sur la pliure du tissu et épinglez-les en diagonale dans les angles. Continuez à épingler à l'intérieur et le long des lignes droites, parallèle-ment à ces dernières. Espacez les épingles de 7,5 cm (3 po) ou moins dans les lignes incurvées.

B. Placez ensuite les morceaux qui doivent suivre le droit fil (chaîne), en disposant les flèches parallèlement à la lisière sur les tissus à armure toile et parallèlement aux **CÔTES** sur les tri-cots. Mesurez la distance entre chaque extrémité des flèches et la lisière, et déplacez le morceau de patron pour rectifier au besoin (les distances doivent être identiques). Épinglez des deux côtés de la flèche d'abord (pour fixer le patron) et ensuite le bord du morceau.

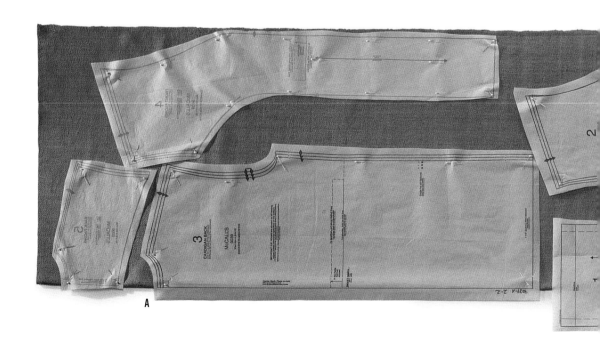

A

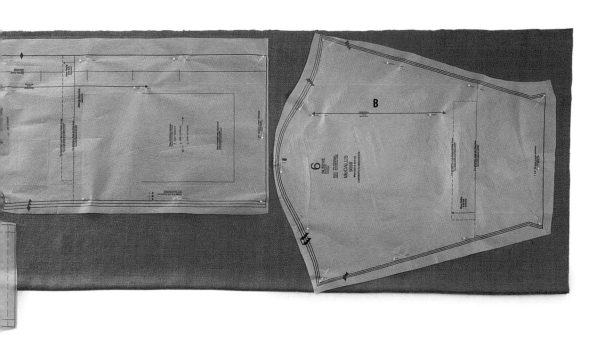

ANNOTATION ÉCLAIR

Pliez le tissu en deux dans le sens de la longueur. Lorsque votre tissu est ainsi plié, vous obtiendrez des morceaux symétriques pour les côtés droit et gauche du vêtement. Les fabricants recommandent en général de plier le tissu endroit contre endroit. Il y a parfois des avantages à plier le tissu envers contre envers, entre autres facilité de marquage et de repérage des motifs. Les deux techniques fonctionnent aussi bien l'une que l'autre.

La coupe et le MARQUAGE

Pas de panique! Trouvez les bonnes lignes de coupe et coupez en toute confiance. Transposez les repères nécessaires et vous serez prêts à piquer!

COUPE

L'exactitude est importante vu qu'il n'est pas toujours possible de rattraper les erreurs. Avant de tailler, vérifiez encore le positionnement des morceaux du patron sur le tissu.

À l'aide de ciseaux de tailleur, taillez à grands coups longs et décidés, directement sur la ligne de coupe. Taillez à plus petits coups dans les courbes. Si vous employez un patron à tailles multiples, assurez-vous de suivre la bonne ligne.

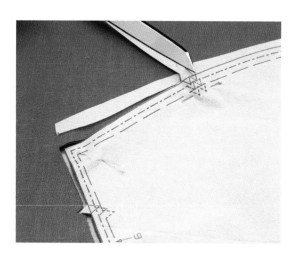

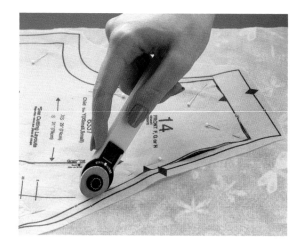

Découpez vos crans sur le tissu plutôt que dans les ressources de couture, surtout si le tissu s'effiloche ou que le patron demande des **RESSOURCES DE COUTURE** de 6 mm (¼ po). S'il y a plusieurs crans côte à côte, coupez-les en un seul élément et pas séparément. Vous pouvez aussi ne pas découper de crans, mais plutôt faire de petites entailles dans les ressources de couture.

Si vous préférez employer un **COUTEAU ROTATIF ET UN TAPIS**, assurez-vous que le tapis reste bien sous l'endroit où vous taillez. La pression doit être continue et égale. Faites attention à vos doigts et éloignez vos enfants.

MARQUAGE

Après avoir coupé, laissez le patron épinglé au tissu. Transposez les symboles sur les bons côtés du tissu en vous servant d'une des méthodes suivantes.

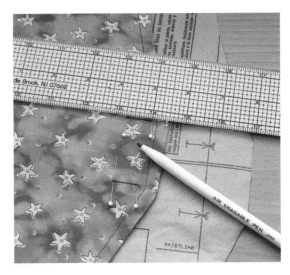

Les crayons effaçables ont des bouts en feutre conçus spécialement pour la confection, leurs marques s'effaçant à l'air en 48 heures ou à l'eau, avec un jet.

Les épingles sont une méthode rapide de transposer les repères. Mais comme elles tombent facilement, ne vous en servez que si vous êtes prêts à piquer. Ou bien, marquez avec des épingles d'abord, puis ensuite à la craie ou au crayon effaçable après avoir enlevé le patron.

Les entailles sont pratiques pour le marquage des repères aux coutures d'épaules. Effectuez de courtes entailles dans les ressources de couture vis-à-vis des repères.

On trouve la craie sous forme de plaquette, de crayon ou de poudre dans un distributeur à roulette.

La confection
de **VÊTEMENTS**

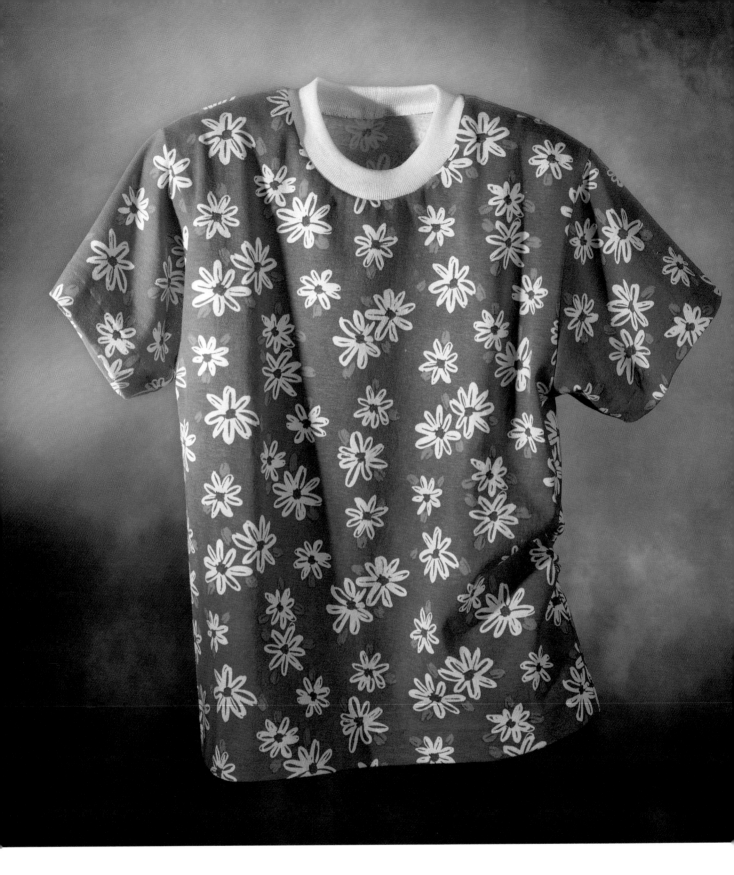

T-SHIRT

Versatiles et classiques, les T-shirts ne sont jamais de trop. Avec l'expérience, vous serez surpris de la rapidité avec laquelle vous pourrez les confectionner. Le plaisir commence avec la sélection du tricot (p. 39) et du motif (rayures, imprimé ou uni). Pour décider quel patron acheter, observez sur le recto de l'enveloppe les dessins ou la façon dont les T-shirts moulent les mannequins. Certains patrons sont conçus pour flotter, d'autres pour mouler le corps. Votre patron devrait comporter quatre morceaux : devant, dos, manche et **bord côte**. Il pourrait aussi inclure un bord côte aux manches.

L'ajustement variera en fonction du degré d'élasticité du tissu. Les patrons de T-shirts conçus uniquement pour les tricots indiquent le montant d'élasticité du tissu nécessaire. Par exemple, une « élasticité de 25 % dans la trame » signifie que 10 cm (4 po) de tissu s'étireront de 2,5 cm (1 po) dans le sens de la **TRAME**. Vérifiez toujours le degré d'élasticité d'un tissu, surtout si vous voulez confectionner un T-shirt moulant.

CE QUE VOUS ALLEZ APPRENDRE

Comment piquer les tricots (tissus extensibles)

Comment monter et piquer des manches

Comment monter un bord côte sur une encolure

CE DONT VOUS AUREZ BESOIN

Patron de T-shirt (conçu pour tissus extensibles)

Tissu extensible (vérifiez le métrage sur le patron)

Chutes de tissu extensible thermocollant (p. 33)

Bord côte (vérifiez le métrage sur le patron)

Fil tout usage de couleur assortie

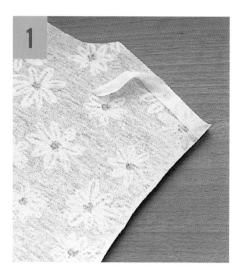

ALLONS-Y !

---

1 Préparez le tissu (p. 41), sans toutefois laver le bord côte parce que ses bords pourraient se déformer. La confection des T-shirts se fait plus facilement avec des ***ressources de couture de 6 mm (¼ po)***. Si le patron a des **RESSOURCES DE COUTURE** de 1,5 cm (⅝ po), réduisez-les à 6 mm (¼ po) avant de poser le patron sur le tissu. Disposez le patron sur le tissu (p. 56). Coupez le tissu (p.56). Transposez tous les repères nécessaires sur le tissu (p. 57). Installez une aiguille à bout rond sur votre machine ; une aiguille de taille 11/70 ou 12/80 convient pour la plupart des tricots. Coupez deux bandes de ruban thermocollant de 1,3 cm (½ po) de large sur une longueur correspondant à la **COUTURE** de l'emmanchure. Sur l'envers du morceau du dos, posez une des bandes à ras le bord du tissu de la couture d'épaules. Collez-la au fer à repasser en suivant bien les ***recommandations du fabricant***. Cette technique sert au ***maintien des coutures d'épaules***.

2 Mettez le dos et le devant endroit contre endroit en alignant le bord des ressources de couture d'épaules. Épinglez-les en insérant les épingles perpendiculairement aux bords. Piquez les deux morceaux ensemble sur la ligne de couture d'épaule en laissant une ressource de couture de 6 mm (¼ po). Faites quelques **points arrière** (p. 19) à chaque extrémité. Vu que les coutures d'épaule sont maintenues par la bande, il convient ici de faire une piqûre droite.

3 Effectuez une seconde piqûre (au point droit ou au point zigzag étroit) dans la ressource de couture, parallèlement à la première piqûre. Rabattez les ressources de couture vers le dos et **REPASSEZ.**

4 À l'aide d'épingles, marquez le milieu dos et le milieu devant de l'encolure. Alignez les deux milieu et marquez d'une épingle les points se situant entre eux. (Ces points devraient se trouver légèrement en avant des coutures d'épaule.) L'encolure est divisée en quatre.

5 Mettez les extrémités du **bord côte endroit contre endroit,** ce qui formera un cercle. Faites une piqûre au point droit en laissant une ressource de couture de 6 mm (¼ po). **Ouvrez la couture avec vos doigts.**

6 Pliez le bord côte en deux sur le sens de la largeur en alignant les bords non finis l'un sur l'autre, les ressources de couture se trouvant à l'intérieur. Divisez le bord côte en quatre, comme vous l'avez fait pour l'encolure. Marquez ces quatre points avec des épingles.

SUITE À LA PAGE SUIVANTE

ANNOTATION ÉCLAIR

Ressources de couture de 6 mm (1/4 po). Certains patrons, conçus spéciale-ment pour les tissus extensibles, viennent avec des ressources de couture de 6 mm (¼ po) au lieu de 1,5 cm (⅝ po). Dans bien des cas, si vous faites défiler le bord du tissu en l'alignant sur le bord extérieur du pied-de-biche, les ressources de couture seront automatiquement de 6 mm (¼ po). Essayez sur un échantillon auparavant.

Recommandations du fabricant. Le rouleau d'entoilage est enveloppé dans une longue feuille de plastique sur laquelle les recommandations sont imprimées. Demandez à une vendeuse ou un vendeur de vous en couper un bout pour que vous puissiez emmener ces recommandations chez vous.

Maintien des coutures d'épaule. Les coutures d'épaules se trouvent sur la trame, c'est-à-dire sens du tissu qui s'étire le plus pour les tricots. Il n'est ni nécessaire ni désirable d'avoir des coutures d'épaules extensibles. Les bandes étroites d'entoilage thermocollant aident les coutures à garder leur longueur initiale. Cette bande rend également la piqûre dans le sens exten-sible du tissu plus aisée.

Bord côte endroit contre endroit. Parfois, les tissus extensibles et les bords côtes n'ont ni endroit ni envers. Pour les distinguer, il suffit d'étirer légè-rement le bord du tissu dans le sens de la trame. Si le bord du tissu se retourne sur un côté, ce côté est l'endroit du tissu. S'il ne tourne ni d'un côté, ni de l'autre, vous pouvez utiliser un côté ou l'autre comme endroit.

Ouvrez la couture avec les doigts. Évitez de repasser les bords côtes avec un fer à repasser, car cela élimine leur élasticité.

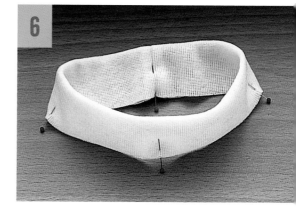

Confection d'un T-SHIRT

SUITE

7 Épinglez le bord côte sur l'endroit de l'encolure en faisant coïncider la couture du bord côte avec l'épingle du milieu dos. Ensuite, faites coïncider les autres épingles et épinglez.

8 Glissez le tissu sous le pied-de-biche, le bord côte étant sur le dessus. Faites une piqûre au point zigzag étroit ou au point droit (p. 20) en gardant les bords des deux morceaux alignés et en tirant de façon uniforme sur le bord côte pour faire boire l'encolure entre chaque section de deux épingles. Enlevez les épingles à mesure que vous vous en approchez.

9 Dans la ressource de couture, effectuez une seconde piqûre près de la première avec un point zigzag étroit de longueur moyenne. Repassez délicatement le bord côte vers le vêtement en faisant attention de ne pas l'étirer.

10 Assurez-vous d'avoir marqué l'emmanchure ainsi que les autres endroits du T-shirt et de la manche avec des crans, tel qu'indiqué sur le patron. Endroit contre endroit, épinglez la manche à l'emmanchure en faisant coïncider les crans de la couture d'épaule et tous les autres repères. Épinglez souvent de façon à répartir le tissu de la manche.

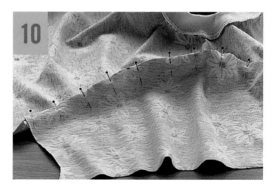

11 Piquez l'emmanchure avec un point zigzag étroit de longueur moyenne en enlevant les épingles à mesure que vous vous en approchez. Faites une seconde piqûre dans la ressource de couture près de la première.

12 Répétez les étapes 10 et 11 pour l'autre manche. Rabattez les ressources de couture vers les manches et repassez-les. Endroit contre endroit, épinglez le devant au dos sur les côtés et aux manches en faisant coïncider les coutures de sous les bras.

13 Piquez et finissez les coutures de la même façon que pour les coutures des manches, en commençant par le bas du T-shirt et en finissant au bout de la manche. Repassez les coutures vers l'arrière.

CONSEIL Vous pouvez repasser les côtés du T-shirt en enfilant le T-shirt sur la planche à repasser. Glissez un polochon ou une jeannette (p. 31) dans les manches pour repasser la couture vers le côté sans créer de plis indésirables sur l'autre côté de la manche.

14 Faites un *rentré d'ourlet* dans le bas du T-shirt, ainsi qu'indiqué sur le patron. Faites l'ourlet à la main (p. 24) ou à la machine (p. 25). Choisissez une méthode qui permettra à l'ourlet de s'étirer au besoin. Faites l'ourlet des manches de la même manière.

ANNOTATION ÉCLAIR

Rentré d'ourlet. Le patron prévoit une ressource de tissu pour la confection des ourlets au bas des manches et du T-shirt. Cette longueur est indiquée sur le patron.

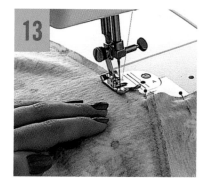

BRAVO !

Qui aurait pu penser que les T-shirts étaient si faciles à réaliser ? Maintenant, vous pouvez en créer à l'infini.

Changez de STYLE!

Pour finir l'encolure,
si elle passe facilement
autour de la tête, vous
pouvez employer le
même tissu que le T-shirt
au lieu du bord côte.
Faites une SURPIQÛRE
près de la couture pour
ajouter du style à votre
T-shirt. Les ourlets à
aiguille double (p. 25)
permettent de donner
une touche finale
parfaite.

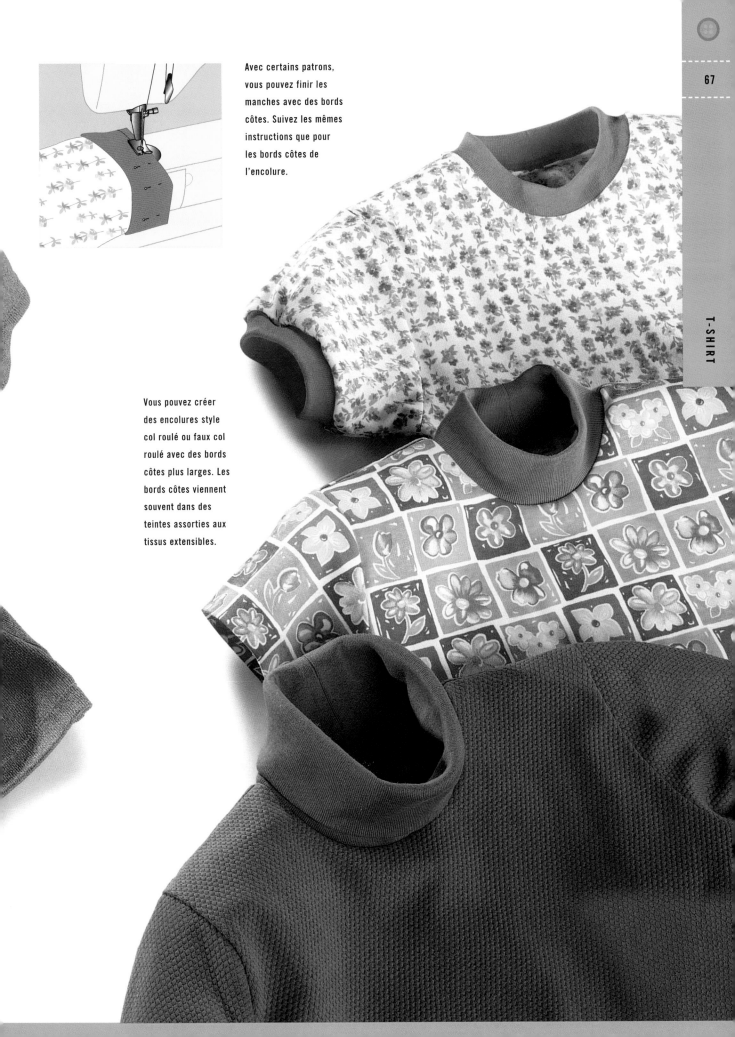

Avec certains patrons, vous pouvez finir les manches avec des bords côtes. Suivez les mêmes instructions que pour les bords côtes de l'encolure.

Vous pouvez créer des encolures style col roulé ou faux col roulé avec des bords côtes plus larges. Les bords côtes viennent souvent dans des teintes assorties aux tissus extensibles.

JUPE à taille élastique

Les jupes avec des ceintures de taille élastiques sont classiques, confortables et faciles d'entretien.

Droites ou évasées et de longueurs variées, elles peuvent se coordonner à une grande variété de chandails ou d'autres genres de hauts pour les tenues de travail, du soir et de loisirs. Consultez les recommandations concernant le tissu sur l'enveloppe. Certains patrons sont conçus exclusivement pour des tissus extensibles qui moulent le corps, l'extensibilité du tissu permettant de faire glisser la jupe sur les hanches. Les patrons convenant aux tissés comprendront de l'ampleur supplémentaire. Le premier ensemble de directives convient aux tissés. Les directives pour les tissus extensibles commencent à la page 75. Il se peut qu'elles divergent légèrement des directives données sur votre patron. Assurez-vous d'employer les **RESSOURCES DE COUTURE** indiquées sur votre patron. Choisissez un patron avec deux morceaux, un devant et un dos. L'excédent de tissu à la taille permet de créer une coulisse dans laquelle on enfilera un élastique. La jupe peut être faite de deux, trois ou quatre sections, selon qu'elle a des **COUTURES** sur les milieux devant et dos ou pas.

CE QUE VOUS ALLEZ APPRENDRE

Deux façons de créer une bande de taille élastique

Diverses façons de faire des ourlets de jupe

Comment piquer et finir (p. 21) des coutures de côté, devant et dos

CE DONT VOUS AUREZ BESOIN

Patron de jupe à taille élastique

Tissu (vérifiez le métrage sur le patron)

Fil tout usage de couleur assortie

Élastique qui ne roule pas sur lui-même de 2,5 cm (1 po) de large sur une longueur correspondant à votre tour de taille.

Confection d'une JUPE à TAILLE ÉLASTIQUE

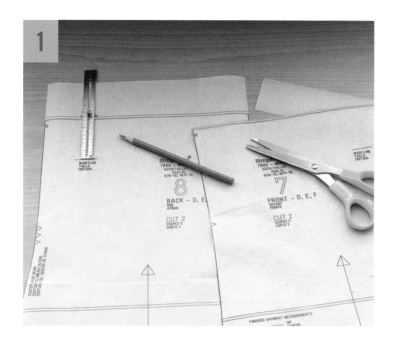

1 Pour confectionner une jupe en suivant les instructions suivantes, vous devrez prévoir 7 cm (2 ¾ po) de tissu supplémentaire pour la coulisse qui recevra l'élastique de taille. Cette mesure pourrait différer de celle indiquée sur votre patron. Ajoutez cette mesure au-dessus de la ligne de taille (il vous faudra coller un morceau de papier si besoin est) et indiquez la ligne de coupe sur le patron. Assurez-vous de le faire pour le devant et le dos.

2 Préparez le tissu (p. 41), disposez-y votre patron (p. 52), taillez (p. 56) et transposez-y tous les repères nécessaires (p. 57). Installez une aiguille 11/70 ou 12/80 à bout pointu ou une aiguille universelle sur votre machine. Si votre patron ne comporte pas de couture aux milieux devant et dos, passez à l'étape 4. Si votre patron a une couture au milieu devant, posez les deux morceaux du devant endroit contre endroit en alignant les bords du tissu du milieu devant et les repères (crans ou entailles). Épinglez en disposant les épingles perpendiculairement à la couture.

CONSEIL **Assurez-vous de ne pas épingler les morceaux par les côtés. Il est parfois difficile de les distinguer. Vérifiez sur votre patron.**

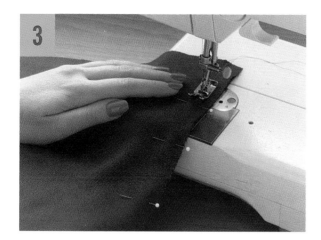

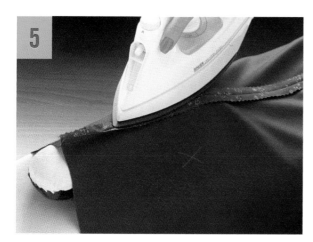

3 Glissez le tissu sous le pied-de-biche, le bord du tissu étant aligné sur le guide de ressources de couture de 1,5 cm (⅝ po). Piquez en faisant quelques *points arrière* (p. 19) aux deux extrémités de la couture. Si votre patron comporte une couture au milieu dos, procédez de la même façon.

CONSEIL Si votre jupe a des poches de côté, suivez scrupuleusement les directives du patron, vu que les méthodes varient.

4 Comme il est difficile de distinguer le dos du devant de la jupe, marquez l'envers du dos à la craie. Endroit contre endroit, mettez bord à bord les côtés droits du dos et du devant en faisant coïncider les repères. *Épinglez perpendiculairement aux bords* (p. 19). Piquez en faisant quelques points arrière aux deux extrémités et en *enlevant les épingles à mesure que vous vous en approchez* (p. 19). Si vous piquez un tissé, finissez (p. 21) tous les bords vifs des ressources de couture.

5 **Repassez** la couture avant de l'ouvrir pour faire entrer les points dans le tissu. Même si cela semble inutile au premier abord, la couture sera beaucoup plus belle en bout de ligne. Ensuite, ouvrez la couture et repassez-la.

CONSEIL Pour éviter que le bord des ressources de couture ne vienne s'imprimer sur le tissu, repassez les coutures sur un polochon ou sur un tube de carton.

SUITE À LA PAGE SUIVANTE

Confection d'une JUPE à TAILLE ÉLASTIQUE

6 **Faufilez** les ressources de couture de la taille, ouvertes et à plat (flèches), sur 10 cm (4 po) pour éviter qu'elles ne bloquent le passage de l'élastique (étape 9). Finissez le bord vif du tissu avec un point zigzag (p. 21). Rabattez le tissu contre l'envers sur 3,8 cm (1 ½ po) et repassez. Épinglez-le perpendiculairement à la pliure.

7 **Surpiquez** près de la pliure le long de la partie supérieure de la taille. Commencez et finissez sur une couture latérale en faisant chevaucher les points sur 1,3 cm (½ po).

CONSEIL Comme il est parfois difficile de distinguer le devant de la jupe du dos une fois le vêtement terminé, nous avons piqué dans la couture de la coulisse à élastique une petite boucle de ruban sergé qui désignera le dos.

8 Épinglez le bas du rabat au tissu. Collez un morceau de ruban sur la plaque à aiguille de votre machine à 3,2 cm (1 ¼ po) de l'aiguille. Piquez le bord inférieur de la coulisse en faisant glisser le bord supérieur le long du ruban. Laissez une ouverture de 5 cm (2 po) dans la coulisse vis-à-vis d'une des coutures de côté.

9 Attachez une épingle de sûreté ou un passe-lacet (p. 33) à une des extrémités de l'élastique et passez-le par l'ouverture que vous avez laissée. Poussez et tirez sur le passe-lacet ou l'épingle tout autour de la coulisse jusqu'à ce que vous reveniez de l'autre côté de l'ouverture. Enlevez le faufil.

CONSEIL Attachez une grosse épingle à nourrice en travers de l'autre extrémité de l'élastique pour que cette dernière ne disparaisse pas dans l'ouverture quand vous tirez dessus.

10 Après avoir épinglé les deux extrémités de l'élastique, enfilez la jupe pour l'essayer. Tirez sur l'élastique pour qu'elle s'ajuste confortablement sur votre taille. Ajustez si nécessaire.

11 Retirez la jupe. Tirez sur les deux extrémités de l'élastique pour les faire sortir de la coulisse sur plusieurs centimètres (pouces). Réduisez les bords qui se chevauchent à 1,3 cm (½ po), si nécessaire. Mettez-les sous le pied-de-biche et piquez à travers les deux épaisseurs avec un point zigzag tout usage.

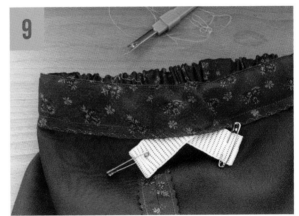

SUITE À LA PAGE SUIVANTE

SUITE

12 Fermez l'ouverture avec un point machine au bas de la coulisse. Distribuez également le tissu sur l'élastique. Ensuite, sur l'endroit, **piquez dans le sillon de la couture de côté**, de haut en bas, pour fixer l'élastique et l'empêcher de rouler sur lui-même ou de se déplacer.

13 Essayez la jupe et demandez à quelqu'un de **marquer la longueur de l'ourlet** pour vous, avec de la craie ou des épingles.

14 Retirez la jupe et égalisez le bord du rentré d'ourlet. (Référez-vous au patron pour en vérifier la mesure.) Rabattez le tissu en suivant les marques ou les épingles. Pour les jupes légèrement évasées ayant un ourlet à double rentré, il est bon de faufiler à la main le petit rentré. Faites l'ourlet à la main (p. 24) ou à la machine (p. 25). Si vous avez utilisé un tissu extensible, sélectionnez un point extensible. Enfin, repassez la jupe et félicitez-vous !

VARIANTE (JUPE À TAILLE ÉLASTIQUE EN TRICOT)

1 Pour confectionner une jupe en tricot en suivant ces instructions, il faut prévoir une quantité de tissu égale à **deux fois la largeur de l'élastique** au-dessus du niveau de la taille. Collez un morceau de papier sous le patron, ajoutez cette mesure au-dessus de la ligne de taille et marquez la nouvelle ligne de coupe sur le papier. Assurez-vous de le faire pour le devant et pour le dos du patron. Suivez les étapes 2 à 5 aux pages 70 et 71, en ménageant des ressources de couture comme indiqué sur le patron. Il n'est pas nécessaire de finir les bords vifs des coutures des jupes en tricot.

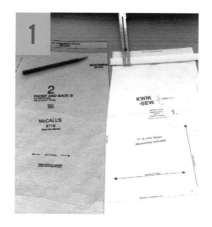

CONSEIL Lisez les instructions sur votre patron. Certains patrons, surtout ceux qui ont des ressources de couture de 6 mm (¼ po), vous recommandent de vous servir de cette méthode pour la taille élastique. Il n'est pas nécessaire de modifier ces patrons vu qu'ils prévoient déjà une ressource de tissu dans le haut.

2 Taillez une longueur d'élastique qui tienne bien autour de votre taille, mais qui puisse passer par-dessus vos hanches. Faites-en chevaucher les extrémités sur 1,3 cm (½ po) et piquez-les en vous servant d'un point zigzag. Divisez l'élastique et le bord supérieur de la jupe en quatre parties égales, que vous marquerez à l'aide d'épingles. Perpendiculairement au tissu, épinglez l'élastique sur l'envers du tissu en faisant coïncider les bords et les épingles.

ANNOTATION ÉCLAIR

Piquez dans le sillon de la couture de côté. Sur l'endroit du tissu et avec un point très court, piquez dans les points de la couture de côté. Vos points disparaîtront presque.

Marquez la longueur de l'ourlet. Pendant que la personne marque l'ourlet, portez les chaussures que vous porterez avec cette jupe et restez bien droite. La personne qui marque l'ourlet doit le faire en prenant ses mesures à partir du sol en fonction de la longueur désirée et en tournant autour de la jupe chaque fois que nécessaire. Sinon, l'ourlet ne sera pas de niveau. Si vous n'avez personne pour vous aider, retournez l'ourlet à la longueur désirée et vérifiez dans un miroir pour que l'ourlet soit de niveau.

Deux fois la largeur de l'élastique. Avec cette méthode, un élastique de 2,5 cm (1 po) de large convient très bien, bien que vous puissiez décider d'employer une largeur différente. Certains élastiques spéciaux comportent des rainures pour surpiqûre, ce qui donne un fini de lignes parallèles intéressant.

SUITE À LA PAGE SUIVANTE

Confection d'une JUPE à TAILLE ÉLASTIQUE

VARIANTE (JUPE À TAILLE ÉLASTIQUE EN TRICOT)

SUITE

3 Posez à espaces réguliers quatre autres épingles entre les quatre premières épingles, en répartissant l'ampleur du tissu. Sélectionnez un point zigzag de largeur moyenne. Placez la jupe sous le pied-de-biche, l'élastique sur le dessus. Alignez l'intérieur droit du pied-de-biche sur le bord du tissu et de l'élastique. *Piquez en étirant l'élastique jusqu'à ce qu'il soit de la même longueur que le tissu entre les épingles* et en maintenant les bords alignés. Retirez les épingles à mesure que vous vous en approchez, vous arrêtant quand l'aiguille est piquée dans le tissu.

4 Repliez l'élastique sur l'envers du tissu de la jupe. L'élastique se retrouvera pris entre deux épaisseurs de tissu. Sur l'endroit du tissu et à chaque couture de côté sur la taille, *piquez dans le sillon de la couture* (p. 75) à travers les deux épaisseurs de tissu et l'élastique. Cette étape rend l'étape 5 plus aisée.

CONSEIL Étirez la bande élastique à la hauteur de la couture pour bien voir les points de couture où vous allez piquer.

5 Avec l'endroit du tissu sur le dessus, faites une **SURPIQÛRE** sur la bande de taille à travers toutes les épaisseurs de tissu. Étirez l'élastique pendant que vous piquez. Servez-vous d'un point zigzag ou d'un point zigzag tout usage de largeur et longueur moyennes. Piquez près du bord inférieur de l'élastique. Ces points feront en sorte que la jupe puisse s'étirer quand vous la passerez sur vos hanches. Finissez la jupe en suivant les étapes 13 et 14 de la page 74.

ANNOTATION ÉCLAIR

Piquez en étirant l'élastique jusqu'à ce qu'il soit de la même longueur que le tissu entre les épingles. Attrapez le tissu et l'élastique derrière le pied-de-biche d'une main et devant le pied-de-biche de l'autre main. Piquez de petites sections à la fois. Étirez l'élastique de sorte qu'il s'égalise avec le tissu. Exercez une tension égale sur l'élastique et laissez les griffes d'entraînement entraîner le tissu à un rythme régulier. Arrêtez de piquer quand vous voulez déplacer vos mains.

VARIANTES

Pour les jupes en tissés, faites plusieurs surpiqûres sur le dessus de la coulisse pour pouvoir faire passer deux élastiques de 1 cm (⅜ po) ou trois élastiques de 6 mm (¼ po). Suivez les directives données pour les pantalons à taille élastique (p. 79). Pour obtenir cet effet avec un tissu extensible, utilisez un élastique large doté de rainures destinées aux surpiqûres (p. 32).

La finition de l'ourlet (p. 24 et 25) peut varier pour s'ajuster au style de la jupe ou pour lui donner une certaine allure. Un ourlet étroit avec rentré double convient bien à une jupe légèrement évasée. Servez-vous d'une aiguille double pour donner aux tricots un peu d'ampleur dans l'ourlet. Pour les jupes plus habillées, faites un ourlet invisible, à la main ou à la machine.

5

PANTALON
à taille élastique

Les pantalons à taille élastique se portent bien et sont faciles à coudre. Avec des tissés souples et légers comme la rayonne ou les microfibres, ils ont une allure suffisamment élégante pour qu'on puisse les porter le soir. Les cotons, les mélanges de coton, le lin ou les tissus gaufrés conviennent bien aux vêtements plus décontractés, qui peuvent s'agencer avec de simples T-shirts et des blouses. Envisagez d'acheter suffisamment de tissu pour confectionner une veste ou un gilet assorti. Vous aurez ainsi un bel ensemble.

Choisissez un patron comportant deux morceaux principaux : le devant et le dos. La coulisse pour l'élastique de taille est faite d'un excès de tissu prévu en haut. Les instructions données conviennent à des pantalons sans poches. La méthode pour intégrer des poches prises dans les coutures de côté varie beaucoup d'un patron à l'autre. Une fois que vous aurez compris la méthode de confection de base d'un pantalon à taille élastique, vous pourrez utiliser un patron avec des poches et en suivre exactement les instructions.

CE QUE VOUS ALLEZ APPRENDRE

Comment modifier la longueur de fourche d'un patron

Comment modifier la longueur de jambe d'un patron

Comment confectionner une bande élastique de taille à plusieurs rangs

CE DONT VOUS AUREZ BESOIN

Patron pour pantalon ample à taille élastique

Tissu (vérifiez le métrage sur le patron)

Fil tout usage de couleur assortie

Élastique de 1 cm (⅜ po) de large et d'une longueur pouvant faire deux fois le tour de la taille.

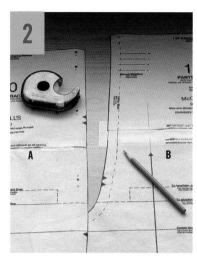

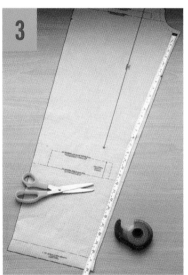

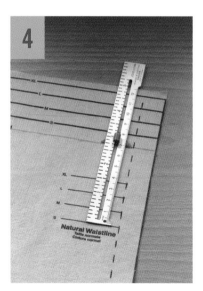

1 Mesurez la longueur de la fourche d'un pantalon qui vous va bien. Prenez la mesure entre le bas de la bande de taille du devant et le bas de la bande de taille du dos en suivant la ligne de couture. Sur le patron, avec le mètre ruban sur la tranche, mesurez la longueur totale de la fourche en suivant le pointillé de la ligne de couture du milieu du devant au milieu du dos (**RESSOURCES DE COUTURE** de 1,5 cm (⅝ po) non comprises).

2 Comparez les deux mesures et modifiez ainsi le patron, si nécessaire. Coupez le patron sur la ligne horizontale de modification. Pour raccourcir la hauteur de fourche, faites chevaucher les morceaux de la *moitié de la hauteur nécessaire* à soustraire sur le devant et de la moitié sur le dos **(A)** ou pour la rallonger, espacez les morceaux de la moitié de la hauteur à rajouter sur le devant et de la moitié sur le dos **(B)** pour allonger, servez-vous d'une bande de papier que vous collerez aux deux morceaux.

3 Comparez la longueur de la couture intérieure de jambe de votre pantalon à celle de votre patron (de la ligne de couture de la fourche à la ligne d'ourlet). Modifiez le patron sur la ligne horizontale de modification.

4 Pour confectionner le pantalon en suivant ces instructions, il faut prévoir 7 cm (2 ¾ po) de plus à la taille pour faire la coulisse. Sur le devant et sur le dos, à partir de la ligne de la taille, ajoutez cette mesure et tracez une nouvelle ligne de coupe sur le patron. (Rajoutez du papier si nécessaire.)

ANNOTATION ÉCLAIR

Moitié de la hauteur nécessaire. Par exemple, si vous avez besoin de raccourcir la fourche de 2,5 cm (1 po), raccourcissez le devant du pantalon de 1,3 cm (½ po) et le dos du pantalon de 1,3 cm (½ po).

5 Préparez le tissu (p. 41), disposez le patron sur le tissu (p. 52) et coupez (p. 56). Transposez tous les points de repère nécessaires (p. 57). Sélectionnez un point droit d'une longueur de 2 à 2,5 mm (10 à 12 points au pouce). Installez une aiguille en fonction du type de tissu choisi (p. 10). Assemblez les morceaux devant et dos de la jambe droite endroit contre endroit à la ligne de couture intérieure. *Épinglez-les perpendiculairement au bord* (p. 19) en faisant coïncider les repères. Piquez la **COUTURE** en laissant 1,5 cm (⅝ po) de ressource, à moins que votre patron n'indique une ressource de couture différente. Procédez de la même façon pour la jambe gauche.

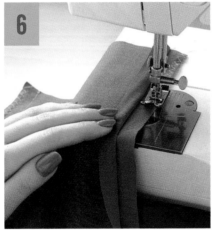

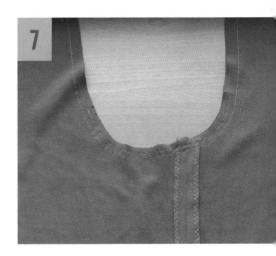

6 Surfilez (p. 21) les coutures, puis ouvrez-les et **REPASSEZ**-les.

7 Endroit contre endroit, épinglez la jambe droite à la jambe gauche par la fourche. Faites coïncider les coutures de l'intérieur des jambes ainsi que les repères. Piquez sur la ligne de couture à 1,5 cm (⅝ po) du bord du tissu. Puis, repiquez dans les ressources de couture entre les crans à 6 mm (¼ po) de la première piqûre.

SUITE À LA PAGE SUIVANTE

Confection d'un PANTALON à taille ÉLASTIQUE

8 Réduisez la couture dans la partie courbe de la fourche, près de la seconde piqûre. Surfilez les ressources de couture réduites et les autres coutures séparément. Ouvrez la couture au-dessus des crans et repassez-la à plat.

9 Épinglez le dos au devant par les côtés en faisant coïncider les crans et tous les autres repères. Faites une couture de 1,5 cm (⅝ po) sur toute la longueur. Procédez de la même façon sur l'autre côté.

10 Surfilez les ressources de couture individuellement, ouvrez-les et repassez-les en vous servant d'un polochon. En haut du pantalon, **FAUFILEZ** toutes les ressources de couture sur 10 cm (4 po) pour les maintenir ouvertes et empêcher qu'elles ne bloquent le passage de l'élastique (étape 15).

11 Après avoir surfilé le bord vif (p. 21) de la partie supérieure du pantalon, rabattez-le vers l'envers du tissu sur une largeur de 3,8 cm (1 ½ po). Repassez. Épinglez perpendiculairement à la pliure.

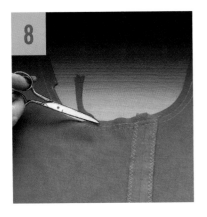

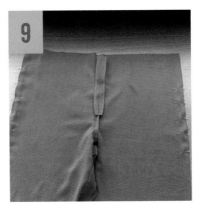

12 Sur l'envers, faites une **SURPIQÛRE** près de la pliure de la bande de taille. Commencez et finissez sur une couture de côté, en faisant chevaucher les points sur 1,3 cm (½ po) environ.

13 Collez un morceau de ruban sur le plateau de votre machine à 3,2 cm (1 ¼ po) de l'aiguille. Piquez le bord inférieur de la coulisse en faisant glisser le bord supérieur le long du ruban. Laissez une ouverture de 5 cm (2 po) dans la coulisse vis-à-vis d'une des coutures de côté.

14 Trouvez la distance entre le bord supérieur et un point situé entre les deux piqûres. Reportez cette mesure entre votre aiguille et le ruban que vous collez sur la plaque à aiguille. Suivez-le pour piquer, en laissant une autre ouverture de 5 cm (2 po) au-dessus de la première.

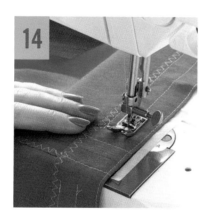

CONSEIL Pour avoir trois rangs d'élastique de 6 mm (¼ po) dans la coulisse, divisez la distance en trois parties égales.

15 Coupez deux longueurs d'élastique de 1 cm (⅜ po) de largeur un peu plus longues que votre tour de taille. Utilisez une épingle à nourrice ou un passe-lacet (p. 33) à une extrémité d'un des élastiques et faites-le passer dans la coulisse du haut. Poussez et tirez l'épingle à nourrice tout autour jusqu'à ce qu'elle ressorte, en prenant soin de ne pas laisser l'autre extrémité disparaître dans l'ouverture. Procédez de la même façon avec l'élastique de la coulisse du bas. Mettez des épingles de sûreté aux extrémités.

SUITE À LA PAGE SUIVANTE

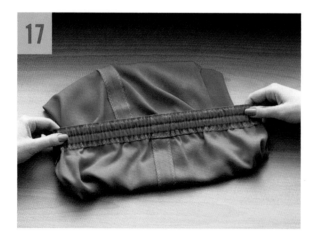

16 Essayez le pantalon. Tirez sur les élastiques pour qu'ils s'ajustent confortablement à votre taille. Épinglez les extrémités des élastiques à la longueur désirée. Retirez le pantalon. Tirez sur les deux extrémités d'un des élastiques pour le sortir sur plusieurs centimètres (pouces). Réduisez les bords qui se chevauchent à 1,3 cm (½ po), si nécessaire. Mettez-les sous le pied-de-biche et piquez à travers les deux épaisseurs avec un point zigzag tout usage. Faites la même chose pour le second élastique.

17 Faites une piqûre à la machine pour fermer l'ouverture laissée dans la coulisse. Distribuez le tissu également sur les élastiques. **Piquez dans le sillon des coutures** (p. 75) pour fixer l'élastique et l'empêcher de rouler sur lui-même ou de se déplacer. Enlevez le faufil fait à l'étape 10.

18 Rabattez le rentré d'ourlet en suivant les épingles ou les marques et épinglez. Essayez le pantalon et ajustez la longueur si nécessaire. Retirez le pantalon et égalisez le rentré d'ourlet. Repassez la pliure. Surfilez le bord vif. Faites l'ourlet à la main (p. 24) ou à la machine (p. 25). Donnez un dernier coup de fer à repasser au pantalon et le voilà prêt à être porté.

VARIANTES

Ces instructions conviennent
à différentes longueurs de
pantalons, qu'il s'agisse
de culottes courtes (shorts)
ou de bermudas.

GILET

Les gilets en tout genre viennent agrémenter votre garde-robe en apportant une touche finale à vos jupes, pantalons et robes. Vous pouvez les porter par-dessus des hauts en tricot, des chandails à col roulé ou des chemisiers, selon l'occasion.

Par soucis de simplicité, nous avons sélectionné un gilet doublé non moulant. Procurez-vous un patron comportant deux morceaux principaux : un devant et un dos. Pour un tel gilet, des tissus comme le coton, un mélange de coton, la rayonne, le lin, la toile à jean, le crêpe de laine, la gabardine de laine et le velours côtelé sont particulièrement suggérés. Pour le doubler, choisissez une véritable doublure ou bien du coton ou un mélange léger.

CE QUE VOUS ALLEZ APPRENDRE

Comment doubler un gilet

Comment faire des boutonnières

Comment coudre des boutons

CE DONT VOUS AUREZ BESOIN

Patron de gilet non moulant et doublé fermant avec des boutons

Tissu pour le gilet (vérifiez le métrage sur le patron)

Doublure (vérifiez le métrage sur le patron).

Fil tout usage de couleur assortie

Entoilage thermocollant fin ou moyen (p. 33) ; assez pour couvrir les deux devants

Boutons

Confection d'un GILET

ALLONS-Y !

---

1 Préparez le tissu (p. 41), disposez-y les deux morceaux du dos et coupez-les (p. 52 à 56), tout en réservant suffisamment de tissu pour les devants. Collez l'entoilage thermocollant sur l'envers du reste du tissu en **suivant les recommandations du fabricant** (p. 63). Cet entoilage donnera de la tenue aux boutonnières et boutons.

2 Disposez le patron du devant du gilet sur le morceau entoilé. Taillez. Disposez ces morceaux sur la doublure et taillez. Transposez les crans et repères (p. 57). Installez une aiguille universelle 12/80 sur votre machine, qui convient pour la plupart des tissus. Sélectionnez un point d'une longueur de 2 à 2,5 mm (10 à 12 points au pouce).

3 Endroit contre endroit, assemblez les devants au dos aux coutures d'épaule en faisant coïncider les **RESSOURCES DE COUTURE** et les crans. **Piquez des épingles** le long de la ligne d'épaule **perpendiculairement au bord du tissu** (p. 19). Piquez des **COUTURES** de 1,5 cm (⅝ po) en faisant quelques **points arrière** (p. 19) aux deux extrémités. **Enlevez les épingles à mesure que vous vous en approchez** (p. 19).

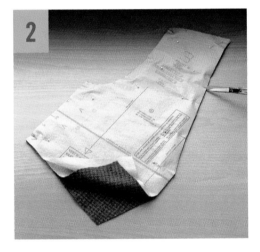

SUITE À LA PAGE SUIVANTE

ANNOTATION ÉCLAIR

Rabattez les ressources de la doublure sur 1,5 cm (⅝ po) et repassez-les. Vous comprendrez l'importance de ce repanage quand vous arriverez aux étapes 14 et 15. Il s'avère beaucoup plus facile de rabattre et repasser maintenant les ressources de couture. Il suffit de les déplier pour passer aux étapes suivantes.

4 Procédez de façon identique pour les morceaux de la doublure. RE-PASSEZ les coutures du gilet et de la doublure d'abord sans les ouvrir puis après les avoir ouvertes. *Rabattez les ressources de la doublure sur 1,5 cm (⅝ po) et repassez-les.*

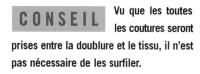 **Vu que les toutes les coutures seront prises entre la doublure et le tissu, il n'est pas nécessaire de les surfiler.**

5 Mettez le gilet et la doublure endroit contre endroit en faisant coïncider les bords non finis et les crans. Épinglez perpendiculairement le bord le long des coutures, sauf celles de côté.

6 Piquez à 1,5 cm (⅝ po) du bord dans le bas du dos du gilet. Piquez ensuite aux emmanchures.

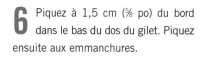

SUITE

7 En commençant sur le côté du bas d'un devant, piquez sans discontinuer le long du bas, du milieu, autour de l'encolure, le long de l'autre milieu devant et du bas, en finissant sur le côté du bas de l'autre devant. Arrêtez à chaque angle en laissant l'aiguille dans le tissu, puis relevez le pied-de-biche et faites **PIVOTER** le tissu.

8 Réduisez les ressources de couture du gilet à 6 mm (¼ po) et celle de la doublure à 3 mm (⅛ po). Cette technique, appelée **AMINCISSAGE PAR GRADATION**, réduit les épaisseurs. Ne réduisez pas les ressources des coutures de côté.

CONSEIL La réduction à ces largeurs fonctionne bien pour des tissés serrés, comme celui en laine présenté ici. Pour les tissés à armure plus lâche, réduisez moins.

9 Faites des **ENTAILLES** dans l'encolure et dans les emmanchures tous les 1,3 cm (½ po), en dirigeant les entailles vers les points de piqûre mais pas jusqu'à eux. Ces entailles permettent aux ressources de couture d'être bien retournées vers l'intérieur et de rester à plat.

10 Passez votre main par une des coutures de côté du dos restées ouvertes et par l'épaule du même côté pour aller attraper le devant du gilet. Retournez ce côté du gilet en tirant votre main dans le sens contraire où vous l'avez entrée. Retournez l'autre côté de la même façon par la même ouverture. Retournez le dos.

11 Glissez un safran (p. 33) ou un instrument similaire (ciseaux) par une ouverture et repoussez doucement les coins. Repassez tous les bords du gilet, en vous assurant que la piqûre est bien au bord.

12 Endroit contre endroit, épinglez les côtés du dos et du devant le long des ressources de couture sans prendre la doublure. Faites coïncider les coutures de l'emmanchure, piquez une épingle directement dans la ligne de couture et retournez les ressources de couture vers la doublure. Faites coïncider de la même façon les coutures du bas. Enfin, épinglez les doublures du devant et du dos ensemble de 2,5 à 5 cm (1 à 2 po) au-delà des coutures.

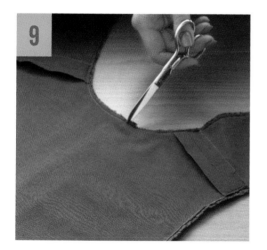

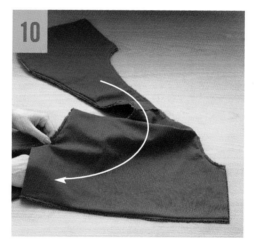

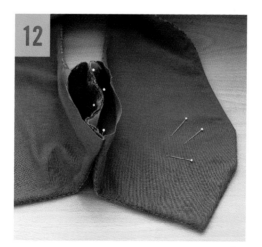

SUITE À LA PAGE SUIVANTE

SUITE

13 Faites une couture de 1,5 cm (⅝ po) où vous avez épinglé, en faisant quelques points arrière à chaque extrémité. Quand vous passez sur les ressources de couture des emmanchures et du bas du gilet, maintenez-les tournées vers la doublure. Enlevez les épingles à mesure que vous vous en approchez.

CONSEIL Cette couture est un peu malaisée à faire, surtout à ses extrémités. Servez-vous des pliures de la doublure comme guide (étape 4). Prenez votre temps et assurez-vous de maintenir le reste du gilet hors du chemin afin de ne pas prendre le tissu sous l'aiguille.

14 Ouvrez la couture avec vos doigts. Rabattez les ressources de couture de la doublure vers l'intérieur le long des lignes de pliure déjà là. Repassez.

15 Épinglez le dos au-devant de la doublure sur les côtés et faites un point coulé (p. 22).

16 Faites une **SURPIQÛRE** à 1 cm (⅜ po) des bords du gilet (emmanchures, encolure, bas et devant).

17 Transférez les repères des boutonnières du patron sur le gilet (p. 57). Assurez-vous qu'elles sont toutes à la même distance du bord et de la même taille. En général, une boutonnière mesure 3 mm (⅛ po) de plus que le diamètre du bouton. Pour finir les boutonnières, suivez les instructions du manuel de votre machine.

CONSEIL **Rappelez-vous que les boutonnières sont sur le devant droit pour les femmes et sur le devant gauche pour les hommes. Ne les coupez pas avant d'avoir vérifié qu'elles sont sur le bon côté et de la bonne taille.**

18 Croisez les devants du gilet en les faisant coïncider au milieu. Piquez une épingle à l'extrémité de la boutonnière se trouvant près du bord du gilet. Repérez l'emplacement de l'épingle sur l'autre devant et marquez-le à la craie pour y coudre les boutons.

19 Posez les boutons (p. 23).

CONSEIL **En faisant passer le fil dans de la cire d'abeille avant de coudre les boutons, le fil sera plus fort et ne s'emmêlera pas. Une fois que vous l'avez passé, faites-le glisser entre le pouce et l'index pour faire fondre la cire, qui pénétrera dans les fibres du fil.**

!

BRAVO !

Vous venez de découvrir que la confection d'un gilet doublé, c'est simple comme bonjour !

Utilisez comme doublure
du tissu qui pourra être
porté sur l'endroit. Ne
mettez aucun bouton
ni boutonnière ou alors
mettez des boutons sur
les deux côtés.

Les gilets servent
dorénavant de support
à diverses techniques
artistiques : la broderie,
les perles, la peinture.
C'est une façon de les
personnaliser. Le tissu
de la doublure peut
servir aussi bien pour
l'intérieur que pour
le dos du gilet.

Piquez des **POCHES APPLIQUÉES** sur les devants avant de doubler le gilet (suivez les étapes 2 à 6, p. 115 pour les poches à coins arrondis).

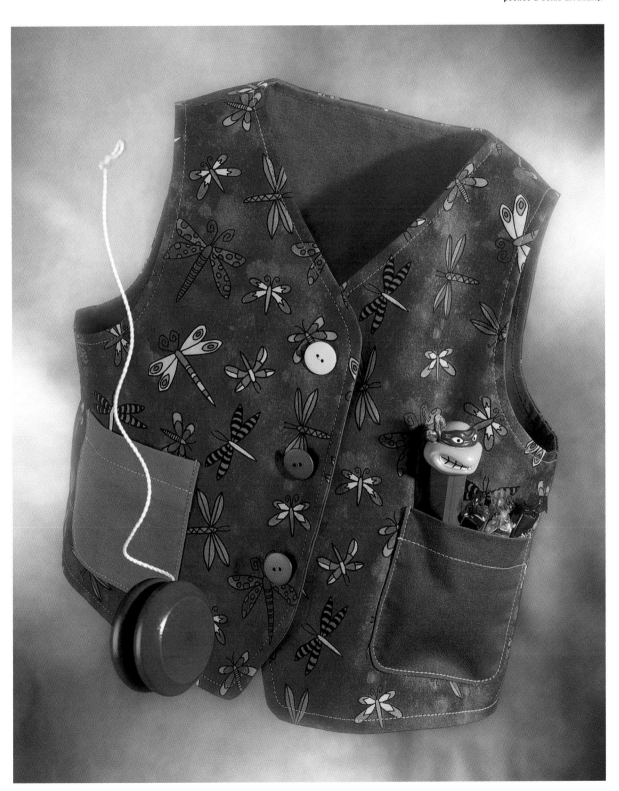

JUPE portefeuille

Cette jupe portefeuille est réalisée sans patron, avec un rectangle de tissu. Les dimensions du rectangle sont déterminées par vos mesures, faisant en sorte que la jupe vous ira parfaitement. Le tissu est froncé à la taille, fronces qui sont rassemblées dans une ceinture de taille plate qui se ferme avec un bouton.

Un tissu avec un **IMPRIMÉ EN BORDURE** est idéal pour une jupe portefeuille puisque le motif qui se trouve le long d'une **LISIÈRE** se trouvera au bas de la jupe. Les **IMPRIMÉS SANS ÉTALEMENT UNIDIRECTIONNEL** et les couleurs unies conviennent également très bien à la confection de jupes portefeuilles.

CE QUE VOUS ALLEZ APPRENDRE

Comment faire des fronces

Comment confectionner une bande de taille

Comment faire un ourlet à double rentré

CE DONT VOUS AUREZ BESOIN

Tissu léger à armure toile avec imprimé en bordure (optionnel) dont la longueur est déterminée à l'étape 1

Entoilage perforé pour bande de taille de 3,2 cm (1 ¼ po) de large et d'une longueur correspondant à votre tour de taille, plus 30,5 cm (12 po)

Fil tout usage de couleur assortie

Deux boutons

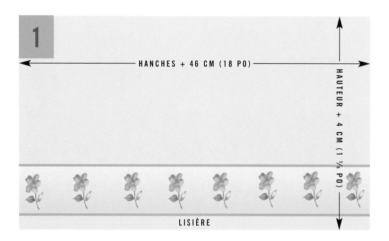

HANCHES + 46 CM (18 PO)

HAUTEUR + 4 CM (1 ⅝ PO)

LISIÈRE

1 Prenez votre tour de hanches à l'endroit le plus volumineux. Ajoutez 46 cm (18 po) à cette mesure afin de déterminer la largeur du rectangle (d'un côté à l'autre). Cette mesure donne le métrage que vous devez acheter. Décidez la longueur que vous désirez (de la taille à l'ourlet) et ajoutez 4 cm (1 ⅝ po) pour déterminer la hauteur du rectangle (de bas en haut). Taillez un rectangle selon ces mesures. Si le tissu a un imprimé en bordure, taillez le rectangle avec la largeur dans le sens de la **CHAÎNE (TRAVERS)**, le motif en bordure se trouvant juste au-dessus de la lisière.

2 Rabattez 2,5 cm (1 po) dans le bas du rectangle et **REPASSEZ.** Ouvrez ce rabat et pliez le tissu en alignant son bord vif sur la marque du pli. Repassez encore. Repliez sur le tissu, formant ainsi un *ourlet à double rentré. Épinglez perpendiculairement à l'ourlet* (p. 19).

Ourlet à double rentré. Les ourlets à double rentré se font avec deux rentrés de la même largeur, le bord vif du tissu venant s'encastrer dans le pli du repli extérieur. En faisant un rentré total d'ourlet, dans ce cas-ci de 2,5 cm (1 po), votre travail sera plus précis quand il s'agira de faire le rentré et de le repasser.

3 Piquez le long de la pliure inté-rieure en *enlevant les épingles à mesure que vous vous en approchez* (p. 19). Faites une **SURPIQÛRE** près de la pliure extérieure. Procédez de la même façon pour faire des ourlets sur les côtés du rectangle. Assurez-vous de faire quel-ques *points arrière* (p. 19) aux deux extrémités.

CONSEIL Assurez-vous maintenant que les deux hauteurs du rectangle de votre jupe mesurent exactement la même chose. Si un des côtés est un peu plus long, réduisez-le en haut.

4 Sélectionnez un point droit long sur votre machine. Au niveau de la taille, piquez sur l'endroit du tissu à environ 1,5 cm (⅝ po) du bord, sur toute la largeur. Faites une deuxième piqûre entre le bord vif du tissu et la première piqûre à 6 mm (¼ po) de celle-ci. Ne faites pas de points arrière et laissez pendre les fils aux deux extrémités.

CONSEIL Pour faire la deuxième piqûre, utilisez la première piqûre comme guide en lui faisant suivre le bord gauche du pied-de-biche.

SUITE À LA PAGE SUIVANTE

Confection d'une JUPE PORTEFEUILLE

SUITE
---

5 Taillez une **bande d'entoilage perforé** ayant 30,5 cm (12 po) de plus que votre tour de taille. Collez-la sur le tissu en l'alignant **sur le bord où se trouve une lisière.** Découpez la bande de taille en ménageant des **RESSOURCES DE COUTURE** de 1,3 cm (½ po) sur les côtés et de 1,5 cm (⅝ po) sur le long (taille).

6 Divisez la bande sur la longueur en quatre parties égales (à partir du bord de l'entoilage). Marquez les repères à la craie ou au crayon effaçable. Faites la même chose avec le haut du rectangle.

7 Endroit contre endroit, épinglez la bande entoilée et le haut du rectangle, la partie dégarnie de la bande étant alignée sur le haut du tissu. Faites coïncider les repères de la bande avec ceux du rectangle et épinglez à ces endroits (perpendiculairement) du côté de la jupe. Posez une épingle à chaque extrémité du rectangle. À une extrémité, attrapez les deux fils de canette (envers du tissu), tirez sur eux également et faites glisser le tissu pour le froncer.

8 Tout en continuant de tirer sur les fils de canette et de froncer le tissu, répartissez les fronces également sur la moitié de la bande de taille. Une fois les fronces rassemblées dans cette moitié, arrêtez-les fils en les enroulant autour de l'épingle du bout avec des mouvements en 8.

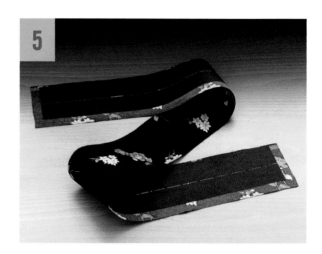

ANNOTATION ÉCLAIR

Entoilage perforé pour bande de taille. Vous pouvez vous procurer ce produit très pratique au métrage (verge) ou en paquet dans les magasins de tissus. Vérifiez sur l'étiquette que les mesures correspondent à ces instructions. Ou bien coupez une largeur d'entoilage pour bande de taille ainsi que le recommande le fabricant.

Bord où se trouve la lisière. Habituellement, vous éliminez les lisières parce que leur armure est plus serrée que celle du reste du tissu et que cela peut tirer sur le tissu si elles sont prises dans une couture. Cependant, pour les bandes de taille, l'emploi des lisières élimine le besoin de finir le bord ou de le rentrer, se traduisant ainsi par moins de travail et moins d'épaisseur.

9 Tirez sur les fils de canette de l'autre moitié du rectangle pour y faire des fronces. Arrêtez les fils sur l'épingle du bout de la même façon. Répartissez les fronces de façon uniforme sur toute la longueur de taille en insérant fréquemment des épingles pour maintenir les fronces en place.

10 Sélectionnez une longueur de point de 2 à 2,5 mm (10 à 12 points au pouce). Glissez le tissu sous le pied-de-biche, la bande de taille en dessous. Piquez à 1,5 cm (⅝ po) du bord en vous assurant que les fronces sont régulières et en enlevant les épingles à mesure que vous vous en approchez.

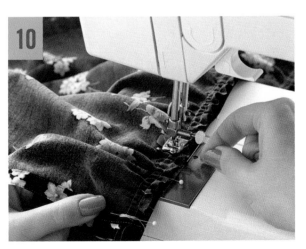

SUITE À LA PAGE SUIVANTE

SUITE

---

11 Faites un **AMINCISSAGE PAR GRADATION** de la ressource de couture de la jupe à 1 cm (⅜ po), juste au-dessus des points de fronce.

12 Rabattez la ressource de couture vers la bande de taille et repassez la couture avec la pointe du fer pour ne pas aplatir les fronces ni faire de plis.

13 Endroit contre endroit, pliez la bande de taille sur la ligne de pliure centrale marquée sur l'entoilage (le bord de la bande avec la lisière se trouve dans le bas, l'autre est pris dans la couture et a été repassé vers le haut). Aux deux extrémités, piquez à 1,3 cm (½ po) du bord du tissu. Réduisez les ressources de couture à 6 mm (¼ po) et crantez les coins en diagonale.

14 Retournez la bande de taille, sortez bien les coins et repassez. Le bord avec la lisière descend par-dessus la couture sur l'envers. Sur l'endroit, épinglez dans le sillon de la couture en attrapant le bord de la bande de taille (lisière). Aux extrémités, rentrez le coin de la lisière en angle sous la bande.

CONSEIL Assurez-vous que les ressources de couture soient bien dirigées vers le haut (bande de taille) quand vous repassez. Vérifiez que le bord avec lisière est épinglé sur toute l'épaisseur et bien à plat.

15 *Piquez dans le sillon de la couture* (p. 75) sur l'endroit du tissu, en faisant quelques points arrière à chaque extrémité. Enlevez les épingles à mesure que vous vous en approchez.

16 Essayez la jupe en rabattant le côté droit sur le côté gauche. Sur la bande de taille, marquez avec une épingle l'endroit où finit la bande de taille des deux côtés.

17 Faites une boutonnière à chacune des extrémités de la bande en suivant les instructions données dans le manuel de votre machine. Cousez un bouton sur le dessus de la bande à gauche et un sur le dessous de la bande, à droite.

VESTE sans doublure

Ces vestes sans col sont un plus à toute garde-robe. Celles qui sont amples et sans doublure, avec des **ÉPAULES TOM-BANTES** et des **POCHES APPLIQUÉES** sont faciles à réaliser. Procurez-vous un patron qui comporte dos, devant, manche, **PAREMENTURE** devant, parementure dos et poche. Ces instructions fonctionnent pour des coins à angle droit en avant. Si votre patron a des coins arrondis, prêtez très attention aux instructions du patron lorsque vous fixez la parementure (étape 11) et faites l'ourlet du bas (étape 24 à 27).

Comme dans toute autre réalisation de confection, c'est le tissu qui détermine si la veste sera une tenue de travail, du soir ou de loisir. Les cotons, mélanges de coton et toiles de coton (entre autres la toile bleue pour Jeans originellement fabriquée à Nîmes, en France, pour les ouvriers) conviennent bien, car elles se combinent parfaitement avec les jeans ou les pantalons et jupes de loisir. Les lainages, les mélanges de laine, le lin et la rayonne conviennent très bien aux tenues de travail ou de soirée. Si vous vous sentez vraiment en confiance, vous pourriez même envisager de confectionner une veste en soie brute, comme celle qui figure à gauche sur l'illustration.

CE QUE VOUS ALLEZ APPRENDRE

Comment monter des manches aux épaules tombantes

Comment piquer une poche appliquée

Comment appliquer un entoilage thermocollant (p. 33)

Comment coudre des parementures d'encolure et de devant

CE DONT VOUS AUREZ BESOIN

Patron de veste ample sans doublure

Tissu pour la veste (vérifiez le métrage sur le patron)

Fil tout usage de couleur assortie

Entoilage thermocollant léger (vérifiez le métrage sur le patron)

Boutons

Confection d'une **VESTE** sans doublure

ALLONS-Y !

1 Préparez le tissu (p. 41), disposez-y votre patron (p. 52) et taillez (p. 56) tous les morceaux sauf les parementures. Collez l'entoilage sur l'envers du tissu destiné aux parementures, *en suivant les recommandations du fabricant* (p. 63). Ensuite, coupez les parementures. Transposez sur le tissu tous les crans et les repères (p. 57).

2 Rabattez le haut de la poche (revers) sur 6 mm (¼ po) vers l'envers. **REPASSEZ**. Surfilez le bord vif au point zigzag moyen de sorte que le mouvement de l'aiguille vers la droite passe par-dessus la pliure.

3 Rabattez ce revers vers l'endroit de la poche à la ligne de pliure. Épinglez sur les côtés. Des deux côtés de la poche, faites une **COUTURE** à 1,5 cm (⅝ po) du bord du tissu, de la pliure jusqu'aux bords vifs surfilés, en faisant quelques *points arrière* aux deux extrémités de la piqûre. Réduisez la **RESSOURCE DE COUTURE** à 1 cm (⅜ po). Crantez les coins en diagonale.

4 Retournez le revers et servez-vous d'un safran ou d'un instrument similaire (ciseaux) pour faire sortir les coins et bien les mettre à angle droit. Repassez le revers. Si les angles du bas de la poche sont à angle droit, rabattez le bas du tissu sur 1,5 cm (⅝ po) vers l'envers et repassez. Faites la même chose pour les côtés de la poche. Si la poche a des coins arrondis, reportez-vous à la variante de la page 115.

5 Sélectionnez un point droit de 2 à 2,5 mm (10 à 12 points au pouce) de long. Mesurez la largeur finie du revers du haut, soustrayez 3 mm (⅛ po). Reportez cette mesure à partir de l'aiguille en fixant un ruban sur la plaque à aiguille. Faites une **SURPIQÛRE** sur le haut de la poche en laissant le rebord de la pliure suivre le bord du ruban. Le revers, en dessous, sera pris dans les points.

6 Répétez les étapes 2 à 5 pour l'autre poche. Disposez les poches sur le devant de la veste en faisant coïncider leurs coins supérieurs avec les repères du patron transposés sur le tissu. Épinglez-les soigneusement, en *insérant les épingles perpendiculairement aux bords* (p. 19). Faites une **SURPIQÛRE PRÈS DU BORD** sur les côtés et le bas des poches, en faisant quelques points arrière aux deux coins supérieurs. Arrêtez à chaque angle en laissant l'aiguille enfoncée dans le tissu et faites **PIVOTER** le tissu à angle droit pour former les coins. *Enlevez les épingles à mesure que vous vous en approchez* (p. 19).

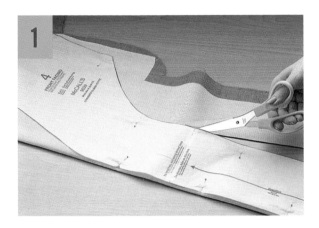

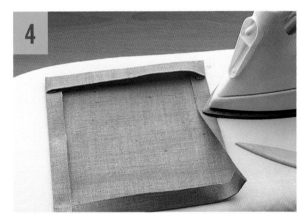

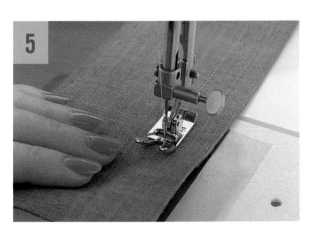

SUITE À LA PAGE SUIVANTE

SUITE

7 Endroit contre endroit, épinglez le dos aux devants à la couture d'épaules en alignant les bords du tissu et en faisant coïncider les crans. Épinglez perpendiculairement aux bords du tissu.

8 Piquez en faisant glisser le bord du tissu le long du guide de ressources de couture de 1,5 cm (⅝ po). Repassez les coutures sans les ouvrir, puis à nouveau après les avoir ouvertes.

9 Assemblez les parementures du devant et du dos aux coutures d'épaules (voir étapes 7 et 8). Réduisez les ressources de couture à 6 mm (¼ po). Surfilez les bords non crantés et incurvés des parementures du devant et le bas de la parementure du dos comme à l'étape 2 (flèches).

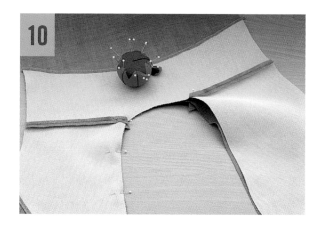

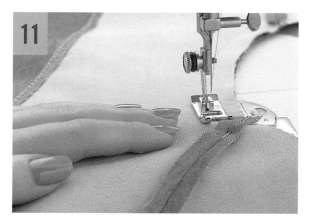

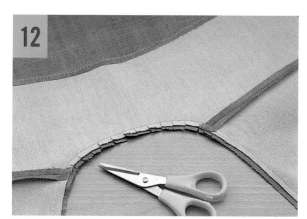

10 Endroit contre endroit, épinglez la paementure à la veste en alignant les bords du tissu et en faisant coïncider les coutures d'épaule et tous les crans. Aux coutures d'épaules, piquez une épingle dans le sillon des coutures pour qu'elles restent bien alignées.

11 Piquez la paementure à la veste en utilisant le guide de ressources de couture de 1,5 cm (⅝ po). Piquez sans vous arrêter en partant du bas, en faisant le tour de l'encolure et en descendant vers le bas de l'autre côté. Maintenez les coutures ouvertes. Faites quelques points arrière à chaque extrémité de la piqûre. Enlevez les épingles à mesure que vous vous en approchez.

12 Faites un **AMINCISSAGE PAR GRADATION** des ressources de couture en réduisant la ressource de couture de la veste à 1 cm (⅜ po) et celle de la paementure à 6 mm (¼ po). Faites des **ENTAILLES** dans les ressources de couture de l'encolure tous les 1,3 cm (½ po). Entaillez jusque près des points de couture en faisant attention de ne pas les couper. Les entailles permettent de rabattre la paementure vers l'intérieur facilement et de bien la maintenir à plat.

SUITE À LA PAGE SUIVANTE

SUITE

13 Repassez la couture sans l'ouvrir et ensuite repassez les ressources de couture vers la parementure. L'endroit du tissu étant sur le dessus, faites glisser la parementure **(A)** sous le pied-de-biche jusqu'à ce que l'aiguille se trouve prête à piquer le tissu juste à droite de la couture du bas du devant gauche. La veste **(B)** se trouve à gauche du plateau de la machine. En maintenant les ressources de couture dirigées vers la parementure (flèches), surpiquez très près de la couture tout autour des devants et de l'encolure. Dans cette piqûre la parementure et les ressources de couture sont prises, mais pas la veste. Cette étape, appelée **SOUSPIQÛRE**, permet à la parementure de rester bien à plat.

CONSEIL Tout le long de la ligne incurvée de l'encolure, maintenez la parementure à plat à droite et en regroupant le tissu de la veste à gauche. Piquez en suivant la courbe de l'encolure de la parementure. Les entailles dans les ressources de couture de la parementure s'écarteront en éventail en dessous.

14 Rabattez la parementure vers l'intérieur de la veste. Repassez. Faites coïncider les coutures d'épaules de la parementure et de la veste. Égalisez bien le tissu aux emmanchures. Épinglez la parementure aux emmanchures (épingles perpendiculaires aux bords). Sélectionnez un point droit long sur votre machine et prenez la parementure et les emmanchures dans un **FAUFIL**.

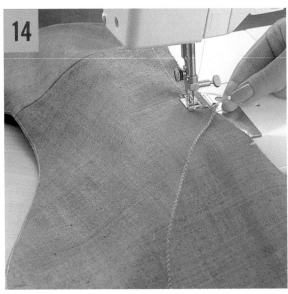

CONSEIL Certains patrons de veste ont des parementures qui ne vont pas jusqu'aux bords des emmanchures. Dans ce cas, faites coïncider les ressources des coutures d'épaules des parementures avec celles de la veste et *piquez dans le sillon des coutures* (p. 75) pour fixer les parementures à la veste.

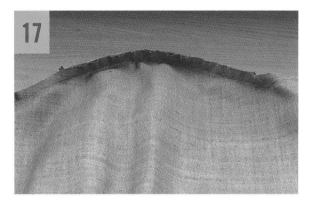

15 Endroit contre endroit, épinglez la manche à la veste en alignant les bords du tissu et en faisant coïncider les crans et les repères. Il y aura probablement aussi sur la manche un repère d'alignement avec la couture d'épaule de la veste. Comptez les crans pour vous assurer que vous montez la bonne manche. Épinglez souvent, du côté de la veste, en faisant boire la manche régulièrement pour qu'elle se place bien.

16 Glissez la veste sous le pied-de-biche avec la manche en dessous. Faites une couture, de sorte que le bord suive le guide de ressource de couture de 1,5 cm (⅝ po). Enlevez les épingles à mesure que vous vous en approchez.

17 Vérifiez qu'il n'y ait aucun faux pli du côté de la manche. S'il y en a, incisez les points avec un découseur, enlevez les points des deux côtés assez loin pour aplanir le tissu et repiquez.

18 Faites une seconde piqûre dans la ressource de couture à 6 mm (¼ po) de la première, en allant des entailles à chaque extrémité. Réduisez les ressources de couture près de la deuxième piqûre.

SUITE À LA PAGE SUIVANTE

Confection d'une **VESTE** sans doublure

19 Répétez les étapes 15 à 18 pour l'autre manche. Sélectionnez un point zigzag de longueur et largeur moyennes. Surfilez les ressources de couture ensemble (**SURJET**) sur chaque manche de sorte que le mouvement vers la droite de l'aiguille prenne à peine le bord du tissu. Repassez les coutures vers les manches.

20 Endroit contre endroit, épinglez le devant de la veste au dos le long des coutures de côté et du dessous des manches. Faites coïncider les crans et les coutures des manches avec celles de la veste. Insérez des épingles perpendiculairement aux bords.

21 Piquez à 1,5 cm (⅝ po) du bord du bas d'un côté à la fin de la manche en maintenant les ressources de couture de l'emmanchure vers la manche. Procédez de la même façon pour l'autre côté.

22 Surfilez les ressources de couture des côtés et de la manche comme indiqué à l'étape 2. Repassez d'abord les coutures à plat et ensuite, ouvertes.

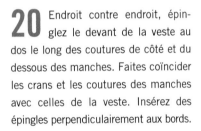

CONSEIL **Ouvrez les coutures au fer à repasser sur un polochon pour faciliter l'ouverture des coutures des manches et éviter que les bords des ressources de couture ne viennent s'imprimer sur l'endroit de la veste.**

23 Surfilez le bas de la veste et des manches comme indiqué à l'étape 2. Rabattez le rentré de l'ourlet de couture des manches sur l'envers et repassez à l'aide d'un polochon ou d'une jeannette (p. 31). Faites les ourlets au point coulé (p. 22).

24 Posez la veste sur la planche à repasser avec l'envers vers le haut. Ouvrez la parementure devant. Faites le rentré d'ourlet sur la ligne de pliure, incluant la parementure. Repassez.

25 Dépliez ce rentré et repliez la parementure sur l'endroit de la veste, en alignant les bords du bas. Épinglez. Piquez dans le sillon de la pliure. Procédez de la même façon pour l'autre côté.

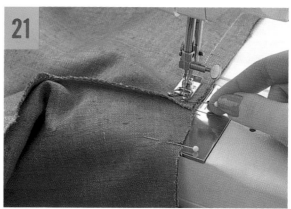

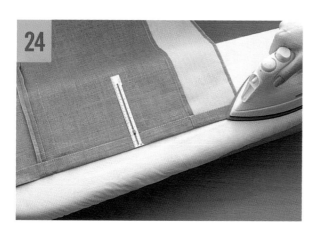

SUITE À LA PAGE SUIVANTE

SUITE

----

26 Réduisez les ressources de couture des deux parementures à 6 mm (¼ po). Crantez l'angle en diagonale à 3 mm (⅛ po) du point d'angle. Retournez les parmentures vers l'intérieur et repassez.

27 Pliez l'ourlet de nouveau et épinglez. Fixez-le au point coulé. Sur les devants, fixez les paremenures à l'ourlet au point coulé.

28 Vous pouvez faire une **SURPIQÛRE** à 1 cm (⅜ po) des bords de la veste si vous le désirez. Si votre veste a des boutons, transposez les marques d'emplacement des boutonnières du patron sur le devant droit de la veste. Faites les boutonnières en suivant les instructions de votre manuel. Transposez les marques d'emplacement des boutons du patron sur le devant gauche. Posez les boutons tel qu'indiqué à la page 23.

VOUS AVEZ DE QUOI ÊTRE FIER !

Vous faites des pas de géant et les gens ne tarderont pas à vous faire des compliments sur votre nouvelle veste.

Certaines vestes ne croisent pas devant mais sont bord à bord. À ce style de veste conviennent des systèmes de fermeture décoratifs comme des brande-bourgs, des olives ou des barrettes.

Pour les poches à coins arrondis, faufilez à la machine à 6 mm (¼ po) du bas de la poche en remontant au-dessus des arrondis. Confectionnez un gabarit de carton à partir de la poche finie (sans coutures et sans revers) pour vous aider à maintenir le rentré des côtés et des arrondis régulièrement en place et pour les repasser. Avant de surpiquer le revers de la poche, déposez le gabarit sur l'envers de la poche en le faisant glisser sous le revers. Maintenez-le dans la pliure pendant que vous tirez sur les fils pour faire froncer et retourner le tissu sur le carton. Repassez la poche sur le carton. Sortez le gabarit une fois les plis marqués au fer.

Les articles de
DÉCORATION INTÉRIEURE

COUSSIN à rebords plats

La réalisation d'un coussin à rebords plats est idéale pour les débutants en couture, car elle demande peu de techniques et de connaissances. Ce petit coussin carré de 30,5 cm (12 po) de côté paraît plus grand à cause de ses rebords, une bordure de tissu prise dans la couture tout autour du coussin. Nous avons choisi un molleton synthétique (polar) parce que c'est un tissu facile à travailler, qui ne s'effiloche pas et dont le gonflant cache bien les piqûres. Autrement dit, ne craignez rien si vos piqûres sont un peu tordues, votre coussin sera quand même magnifique ! Le molleton est employé dans le prêt-à-porter pour les moufles, les chapeaux et les vestes sport. Des coussins de molleton synthétique douillets et magnifiques seront parfaits pour une chambre d'enfant ou un coin repos. Comme nous avons prévu une bordure de 6,5 cm (2 ½ po) de large tout autour du coussin, il faut ajouter 12,5 cm (5 po) aux dimensions du coussin.

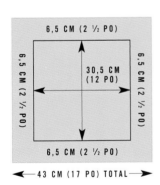

CE QUE VOUS ALLEZ APPRENDRE

Comment tailler le tissu en suivant le droit fil

Comment faire le MARQUAGE sur le tissu

Comment faire coïncider les bords et les épingler

Comment faire une couture droite et un PIVOT aux coins

Que vous pouvez réaliser un superbe coussin !

CE DONT VOUS AUREZ BESOIN

Molleton synthétique (polar) ; 50 cm (½ verge) en 115 ou 152,5 cm de large (45 ou 60 po)

Crayon à marquer effaçable à l'air ou bande de papier-cache étroit

Fil de couleur assortie au tissu

Coussin carré de 30,5 cm (12 po) de côté sans rebords

Confection d'un COUSSIN à REBORDS PLATS

ALLONS-Y !

1 Taillez deux carrés de tissu de 43 cm (17 po) de côté. Assurez-vous de tailler sur le droit fil (p. 38).

CONSEIL **Faites-vous un patron en papier que vous épinglerez au tissu. Ensuite, taillez simplement autour du papier. C'est plus simple que de marquer le tissu à la craie.**

2 À l'aide d'une règle de couturière et sur l'endroit, marquez un carré sur le devant du coussin à 6,5 cm (2 ½ po) des quatre bords. Ceci constitue la ligne de couture. Vous pouvez utiliser un crayon à marquer effaçable à l'air ou une bande de papier-cache étroite pour marquer cette ligne, un des bords de ce dernier servant de guide à l'aiguille.

3 Envers contre envers, épinglez le devant du coussin au dos (l'endroit est visible). Mettez des épingles le long de la ligne de piqûre, perpendiculairement à cette dernière. Cette technique d'épinglage permet d'enlever les épingles plus facilement quand vous piquez. Centré sur un des côtés, laissez un espace de 18 cm (7 po) ouvert. Cette ouverture servira au rembourrage.

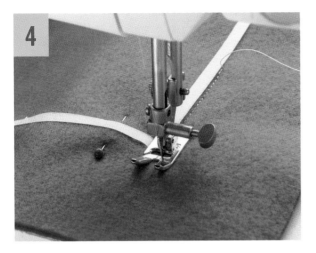

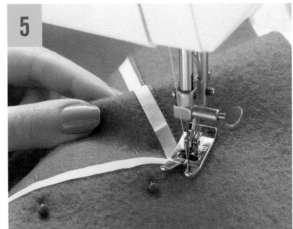

4 Glissez le tissu sous le pied-de-biche de sorte que l'ouverture se trouve derrière. Commencez à coudre en piquant sur la marque de craie ou immédiatement à côté de la bande de papier-cache. Enlevez les épingles quand vous vous en approchez. Il est néfaste pour votre machine à coudre de piquer par-dessus les épingles. Arrêtez au premier coin en laissant l'aiguille dans le tissu. Tournez le volant jusqu'à ce que l'aiguille pénètre dans le tissu, si besoin est.

5 Soulevez légèrement le pied-de-biche et faites pivoter le tissu de façon à former un angle droit. Continuez de piquer jusqu'au coin suivant. Répétez le mouvement de pivot à chaque coin. Arrêtez de piquer lorsque vous arrivez à la dernière épingle (ouverture). *Retirez le tissu de la machine.*

CONSEIL Détendez vos épaules et gardez les coudes sur la table près de la machine pendant que vous piquez. Guidez le tissu du bout des doigts en faisant bouger vos mains à partir des poignets. Laissez votre machine faire le travail pendant que vous vous amusez !

ANNOTATION ÉCLAIR

Crayon à marquer effaçable à l'air. Cet accessoire novateur marque les tissus d'une fine ligne colorée (habituellement violette ou magenta). Comme les pigments de ce crayon disparaissent au contact de l'air en 48 heures, il faut tailler votre tissu juste avant de coudre. Faites toujours un essai auparavant pour vous assurer que les marques s'effacent effectivement bien.

Retirez le tissu de la machine. Quand vous avez fini une piqûre, relevez toujours en premier lieu l'aiguille jusqu'à ce qu'elle soit totalement sortie du tissu et mettez le levier tendeur de fil en position haute maximale. (Certaines machines très récentes le font automatiquement.) Soulevez ensuite le pied-de-biche et tirez le tissu vers le côté ou vers l'arrière. Coupez les fils en laissant un bon 15 cm (6 po) de fils d'aiguille et de canette.

SUITE À LA PAGE SUIVANTE

Confection d'un COUSSIN à REBORDS PLATS

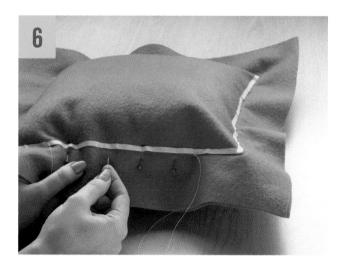

SUITE

6 Insérez le rembourrage par l'ouverture en le pliant ou en l'écrasant. Laissez les premiers et derniers points de la couture se défaire, au besoin, pour que le molleton ne soit pas endommagé par l'étirement. Repoussez le rembourrage loin de l'ouverture et épinglez les deux côtés du tissu à l'ouverture en vous assurant que les bords extérieurs sont bien alignés. Tirez doucement sur les fils pour resserrer les points qui se sont détendus.

7 Remettez le coussin sous le pied-de-biche de façon à ce que l'ouverture se trouve devant le pied-de-biche et alignée sur ce dernier, quelques points de la piqûre déjà faite étant visible devant (vous piquez donc par-dessus cette dernière). Piquez pour fermer l'ouverture et continuez sur l'autre extrémité de la piqûre sur une longueur de 2,5 cm (1 po). Retirez le coussin de la machine. Coupez les fils à ras le molleton. Si vous avez marqué votre ligne de piqûre avec une bande de papier-cache, c'est le moment de l'enlever.

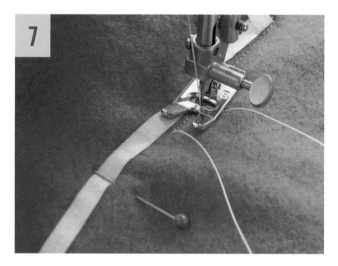

!

VOUS Y ÊTES ARRIVÉ !

Relaxez et admirez votre coussin. Vous pourriez en faire trois autres en un rien de temps. Maintenant que vous êtes expert en la matière, consultez la page suivante qui vous donnera quelques idées pour agrandir votre répertoire.

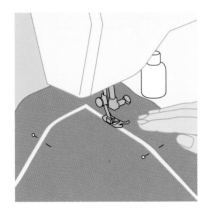

Utilisez du daim synthétique (suède), entre autres de l'Ultrasuede®, pour donner un air chic à votre coussin. Pour rendre les piqûres sur tissu synthétique plus aisées, il est bon d'ajouter une goutte de lubrifiant à la silicone à la bobine de fil avant de remplir la canette et d'enfiler la machine. Mettez aussi une goutte de lubrifiant sur l'aiguille, au bas du pied-de-biche et sur la plaque à aiguille.

Sélectionnez un tissu à armure toile rustique comme cette soie. Faites particulièrement attention de bien suivre le droit fil quand vous le taillez et le piquez. Faites une deuxième piqûre à 2 cm (¾ po) de la première. Tirez des fils pour faire des franges sur les rebords.

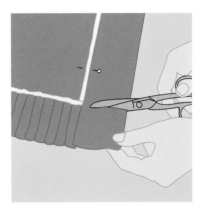

Vous pouvez faire des encoches dans les rebords d'un coussin en molleton ou en daim (Ultrasuede®). Faites des repères tous les 1,3 cm (½ po) le long des rebords. Entaillez jusqu'à 3 mm (⅛ po) des points de piqûre.

COUSSIN sans rebords

Ce style de coussin est probablement le plus versatile qui puisse exister pour la décoration intérieure. Les variantes à créer sont illimitées, non seulement sur le plan de la grosseur, de la couleur et de la texture, mais également par les multiples détails qui leur donnent une touche personnelle. Les instructions suivantes concernent un coussin carré de 35,5 cm (14 po) de côté. S'il s'agit de votre premier coussin sans rebords, nous vous recommandons d'acheter un tissu d'épaisseur moyenne à armure serrée.

Les rembourrages tout prêts pour ce genre de coussin se trouvent en un grand choix de grosseurs, entre autres en carrés de 30,5, 35,5, 40,5, 46, 51, 61 et 76 cm (12, 14,16, 18, 20, 24 et 30 po) de côté et en rectangles de 30,5 x 40,5 cm (12 x 16 po). En modifiant les dimensions de coupe, vous pouvez confectionner une housse pour n'importe quelle grosseur de coussin. Vous pouvez également utiliser ces instructions pour réaliser vos propres rembourrages et leur donner la fermeté désirée.

CE QUE VOUS ALLEZ APPRENDRE

Comment faire un point arrière (p. 19)

Comment faire et REPASSER des coutures

Des petits trucs pour réaliser des coins parfaits

Comment fermer une ouverture au point coulé à la main (p. 22)

CE DONT VOUS AUREZ BESOIN

Rembourrage de 35,5 cm (14 po) de côté

Tissu: 50 cm (½ verge)

Fil de couleur assortie

Aiguille pour coudre à la main

Confection d'un COUSSIN SANS REBORDS

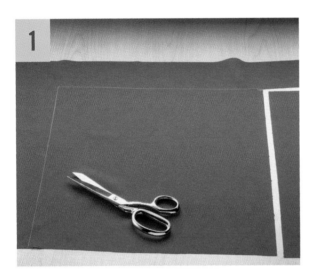

1 Taillez deux carrés de tissu de 38 cm (15 po) de côté en vous assurant que les côtés sont bien dans le sens du droit fil (p. 38). Ceci comprend une **RESSOURCE DE COUTURE** de 1,3 cm (½ po) tout autour. Il faut ajouter 2,5 cm (1 po) à chaque grandeur pour obtenir la *taille finie désirée.*

2 Posez les deux morceaux de tissu endroit contre endroit en alignant les quatre côtés. Épinglez près des bords en *insérant les épingles perpendiculairement* (p. 19). Au centre d'un des côtés, laissez une ouverture de 18 cm (7 po).

3 Glissez le tissu sous le pied-de-biche un peu en avant de l'ouverture. Alignez le bord du tissu sur le *guide de ressource de couture* (p. 19) de 1,3 cm (½ po) de la plaque à aiguille.

4 Faites 3 ou 4 points arrière. Arrêtez. Piquez tous les côtés au point droit, en faisant faire un **PIVOT** à votre tissu avec l'aiguille dans le tissu à chaque coin (pied-de-biche relevé). Terminez la **COUTURE** à l'extrémité opposée de l'ouverture. Faites 3 ou 4 points arrière pour arrêter la couture.

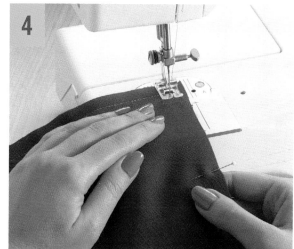

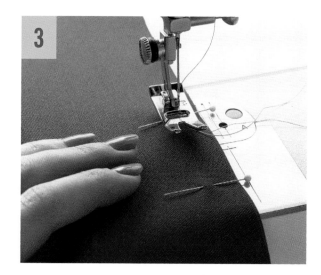

SUITE À LA PAGE SUIVANTE

ANNOTATION ÉCLAIR

Taille finie désirée. Pour réaliser un coussin sans rebords d'une grosseur différente, coupez simplement votre tissu 2,5 cm (1 po) plus grand que la hauteur et la largeur finies désirées. Taillez des carrés de 43 cm (17 po) pour un coussin fini de 40,5 cm (16 po). Taillez des rectangles de 33 X 48,5 cm (13 X 19 po) pour un coussin fini de 30,5 X 46 cm (12 X 18 po).

---

5 *Retirez le tissu de la machine* (p. 121). Coupez les fils à ras le tissu. Repassez les coutures sans les ouvrir pour faire entrer les points dans le tissu. Ce repassage peut vous sembler inutile, mais il donne un meilleur fini à la couture en bout de ligne.

CONSEIL La plupart des machines ont un coupe-fil très pratique situé quelques centimètres au-dessus du pied-de-biche. Quand vous vous en servez, tirez suffisamment de fil de la bobine et de la canette, ce qui empêchera un **BOURRAGE DE FILS** lorsque vous commencerez une autre couture.

Confection d'un COUSSIN SANS REBORDS

SUITE

6 Posez votre tissu à plat. Repliez la ressource supérieure de couture et repassez-la du bout du fer en exerçant une légère pression dans la piqûre. À l'endroit de l'ouverture, rabattez le tissu sur 1,3 cm (½ po) et repassez.

7 Retournez la housse. Repliez l'autre ressource de couture et repassez-la de la même façon.

8 À un des *coins*, repliez les deux ressources de coutures d'un côté du coussin vers l'intérieur. Sur le côté qui fait angle avec ce dernier, repliez les deux autres ressources de couture. Passez vos doigts dans l'ouverture et pincez les coutures repliées entre votre pouce et votre index. Retournez ce coin en le passant par l'ouverture. Procédez de la même façon avec les trois autres coins. La housse est maintenant complètement retournée sur l'endroit.

9 Écrasez la matière de rembourrage et faites-la passer par l'ouverture. Alignez les bords repassés de l'ouverture et épinglez-les. Enfilez une aiguille et faites un nœud au bout du fil.

10 Fermez l'ouverture au point coulé en suivant les instructions données à la page 22.

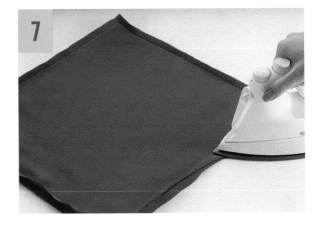

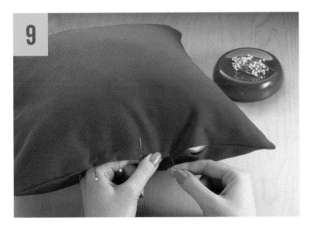

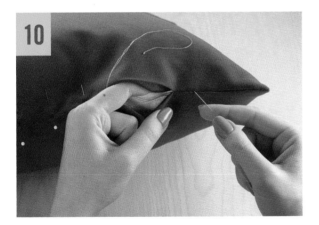

ANNOTATION ÉCLAIR

Coins parfaits. Les coins de votre coussin devraient être parfaitement carrés et non pas arrondis. Pour améliorer l'apparence d'un coin trop arrondi, poussez le tissu avec un outil pointu par l'intérieur de la housse pour en faire sortir les coins. Le safran (p. 33) est un outil peu coûteux qui fonctionne à merveille. Vous pouvez également utiliser une grosse aiguille à tricoter, un stylo à bille dont la mine est rentrée ou autre objet similaire. La pression doit être légère, sinon vous risquez de faire un trou.

MAGNIFIQUE !

En coupant le dernier fil, vous finissez votre coussin sans rebords. Tapez-le, lancez-le en l'air et admirez-le. Imaginez la créativité que vous pouvez mettre en œuvre pour réaliser des coussins sans rebords ! Passez à la page suivante pour vous donner quelques idées.

VARIANTES

En piquant ce coussin douillet de tissu chenille à 1,3 cm (½ po) tout autour du bord, vous aurez l'impression que le coussin a un passepoil. Cousez ensuite deux boutons à tige (p. 23) à l'aide d'un fil unique très épais et solide. Tirez fort sur le fil en renfonçant les deux centres du coussin avant de faire un nœud.

Servez-vous d'une
tapisserie au petit point
pour le devant du
coussin, en recoupant
les côtés si le tissu
n'est pas carré.

Habillez un coussin
d'un beau ruban que
vous nouerez en ganse.

Coussin avec fermeture à GLISSIÈRE

Les coussins que l'on déplace, sur lesquels on s'appuie ou que l'on installe sur le sol, ont parfois besoin d'être nettoyés. Une fermeture à glissière permet d'enlever et de remettre plus aisément la housse. Tous les coussins sans rebord peuvent être réalisés avec une fermeture à glissière. Taillez le tissu et préparez le devant et le dos de la housse tel qu'indiqué. Ensuite, observez les instructions suivantes pour poser la fermeture.

Procurez-vous une fermeture à rouleau (pas une fermeture séparable) dont la couleur se marie à celle du tissu et dans les longueurs mentionnées ci-dessous.

FERMETURE	COUSSIN
18 cm (7 po)	30,5 à 35,5 cm (12 à 14 po)
23 cm (9 po)	40,5 à 46 cm (16 à 18 po)
30,5 cm (12 po)	51 cm (20 po) ou plus

ALLONS-Y !

1 Posez les deux morceaux de tissu endroit contre endroit. Épinglez le côté où se trouvera la fermeture à glissière. Centrez la fermeture et faites le **MARQUAGE** des **RESSOURCES DE COUTURE** d'un trait de craie juste au-dessus et en dessous de la *fin de la fermeture.*

CONSEIL **Pour obtenir de meilleurs résultats, choisissez un côté qui a été coupé dans le sens de la CHAÎNE (DROIT FIL). En effet, ce dernier est plus stable et aura moins tendance à s'étirer pendant que vous cousez.**

2 Faites une **COUTURE** à 1,3 cm (½ po) des bords jusqu'à la marque du haut, en faisant quelques *points arrière* (p. 19) au début et à la fin de la couture. Faites de même à partir de la marque du bas. La section du centre doit rester ouverte.

3 *Faufilez à la machine* la ligne de couture entre les deux marques de craie. Coupez les fils du faufil tous les 5 cm (2 po) avec un **DÉCOUSEUR**. Les points seront plus faciles à retirer par la suite.

ANNOTATION ÉCLAIR

Là où finit la fermeture à glissière. De minuscules morceaux de métal (**BUTOIRS**) sont fixés en haut et en bas de la fermeture à rouleau pour empêcher le curseur de sortir complètement. Sur une fermeture en métal, il y a un grand butoir en bas et deux petits butoirs distincts en haut.

Faufil à la machine. Sélectionnez le plus long point possible. Ce point est temporaire et pourra être enlevé facilement plus tard.

SUITE À LA PAGE SUIVANTE

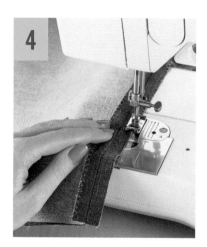

SUITE

4 Repassez la couture fermée, puis ouverte. Surfilez les ressources de couture au point zigzag (p. 21).

CONSEIL Si votre tissu a une armure lâche ou a tendance à s'effilocher, les lavages répétés pourraient faire effilocher les ressources de couture et ruiner votre coussin. Comme mesure préventive, prenez le temps de surfiler toutes les ressources de couture.

5 Collez du *ruban à faufilage* sur l'endroit de la fermeture à glissière, en lui faisant suivre les deux bords.

6 Posez l'endroit de la fermeture sur la couture, le rouleau se trouvant directement sur la partie faufilée de la couture avec le curseur en dessous. La fermeture à glissière doit être bien centrée entre les parties où se trouvent les points arrière. À l'aide de vos doigts, collez la fermeture sur les ressources de couture.

7 Ouvrez les deux morceaux de tissu, endroit sur le dessus. Épinglez la fermeture à glissière dans la couture, juste au-dessus et en dessous des butoirs. Coupez un morceau de ruban adhésif transparent de 1,3 cm (½ po) de large et collez-le entre les deux épingles en le centrant sur la piqûre.

8 Ajustez le pied-de-biche pour fermeture à glissière à gauche de l'aiguille. Si le pied-de-biche ne s'ajuste pas, mettez l'aiguille à droite du pied. En commençant la piqûre à une extrémité transversale (sur la couture), piquez le long du ruban adhésif. À l'angle, faites faire un **PIVOT** au tissu et piquez jusqu'au bout. De nouveau, faites faire un **PIVOT** au tissu et traversez la couture une autre fois.

9 Ajustez le pied-de-biche à droite de l'aiguille. Si le pied-de-biche ne s'ajuste pas, mettez l'aiguille à gauche du pied. Piquez par-dessus les points précédents d'une extrémité de la fermeture à l'autre, mais dans la direction contraire. Coupez les fils à ras.

10 Enlevez le ruban adhésif. Enlevez avec précaution les points de faufil en vous servant d'un découseur.

11 Ouvrez la fermeture. Endroit contre endroit, épinglez les deux côtés du coussin ensemble le long des trois autres côtés. Faites une couture de 1,3 cm (½ po) de large. Repassez. Retournez la housse du coussin à l'endroit. Faites passer le rembourrage par l'ouverture de la fermeture à glissière.

ANNOTATION ÉCLAIR

Ruban à faufilage. Ce ruban étroit est adhésif sur les deux côtés. Quand vous déroulez le ruban, un des côtés est collant. Une fois ce dernier mis en place sur la fermeture, retirez la pellicule qui se trouve de l'autre côté, qui devient collant à son tour.

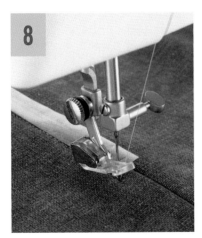

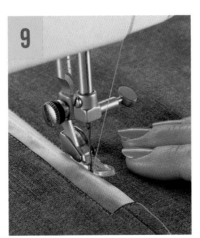

HOUSSE de coussin avec attaches

C'est une façon très originale d'habiller un coussin sans rebord très banal. Glissez ce dernier dans une housse colorée dont vous nouerez les attaches. Créez des assortiments gais en commençant avec un coussin sans rebord (p. 125). Ensuite, confectionnez une housse en suivant les instructions qui suivent. Imaginez seulement toutes les variantes et les combinaisons de couleurs que vous pouvez créer.

CE QUE VOUS ALLEZ APPRENDRE

Comment confectionner des attaches en tissu

Comment coudre un ENTOILAGE

CE DONT VOUS AUREZ BESOIN

Coussin sans rebords de la grandeur désirée

Tissu assorti au coussin pour la housse (métrage déterminé en fonction des dimensions du coussin)

Fil de couleur assortie

Confection d'une HOUSSE de COUSSIN avec ATTACHES

ALLONS-Y !

1 Taillez deux rectangles de tissu (devant et dos de la housse) dont la longueur est égale à celle du coussin sans rebord plus 2,5 cm (1 po) et dont la largeur est égale à la largeur finie du coussin sans rebord. Pour le revers, taillez une bande de tissu de 5 cm (2 po) de large sur une longueur égale à deux fois la longueur du coussin plus 2,5 cm (1 po). N'oubliez pas de suivre le droit fil (p. 38).

CONSEIL Par longueur, on entend ici la distance entre le haut et le bas du coussin, si vous avez l'intention de disposer les attaches sur le côté du coussin. Par contre, si vous voulez les disposer sur le haut du coussin, la longueur est la distance d'un côté à un autre.

Pour les attaches, taillez douze bandes de tissu de 30,5 cm (12 po) de long et de 3,2 cm (1 ¼ po) de large. Leur longueur doit se trouver dans le sens de la **CHAÎNE (DROIT FIL).**

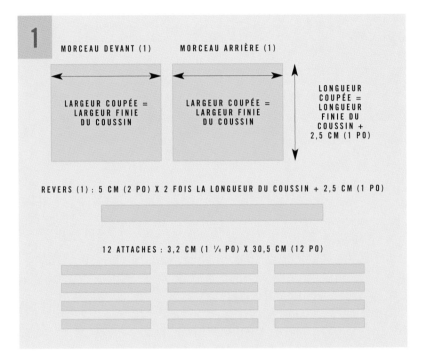

1

MORCEAU DEVANT (1)   MORCEAU ARRIÈRE (1)

LARGEUR COUPÉE = LARGEUR FINIE DU COUSSIN

LARGEUR COUPÉE = LARGEUR FINIE DU COUSSIN

LONGUEUR COUPÉE = LONGUEUR FINIE DU COUSSIN + 2,5 CM (1 PO)

REVERS (1) : 5 CM (2 PO) X 2 FOIS LA LONGUEUR DU COUSSIN + 2,5 CM (1 PO)

12 ATTACHES : 3,2 CM (1 ¼ PO) X 30,5 CM (12 PO)

2 Posez le devant et le dos endroit contre endroit en alignant les quatre bords. Épinglez les deux morceaux près des bords sur trois côtés, en laissant le quatrième (où seront fixées les attaches) ouvert. Faites des **COUTURES** de 1,3 cm (½ po) le long des côtés épinglés en faisant quelques *points arrière* (p. 19) aux deux extrémités de la couture.

2

3 **REPASSEZ** les coutures sans les ouvrir, puis ouvertes. Retournez la housse à l'endroit en vous servant délicatement d'un safran (p. 33) ou d'un instrument semblable pour faire sortir les coins, si nécessaire.

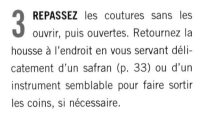

3

4 Épinglez deux bandes d'attache endroit contre endroit en alignant bien les bords. *Piquez à 6 mm (¼ po)* des bords sur trois côtés (un bout reste ouvert). Répétez pour les autres attaches.

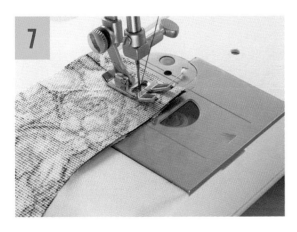

ANNOTATION ÉCLAIR

Faites une couture de 6 mm (¼ po). Parfois, la distance entre le bout de l'aiguille et le bord du pied-de-biche est de 6 mm (¼ po). Si ce n'est pas le cas pour votre machine, mesurez la distance entre l'aiguille et le pied-de-biche ou la plaque à aiguille qui mesurera exactement 6 mm (¼ po).

Crantez les angles en diagonale. Ceci minimise l'excès d'épaisseur et permet de faire un coin plus net et plat quand on le retourne.

Retournez les attaches sur l'endroit. Il existe des instruments spécialisés pour retourner les lanières fines, comme celui qui figure à l'illustration 5 (tourne-ganse). Vu qu'on confectionne souvent de telles attaches en couture, il vaut la peine de se procurer un tel instrument. À la rigueur, vous pourriez les retourner en vous servant d'un crayon doté d'une gomme à une extrémité, mais cela s'avérera beaucoup plus difficile.

5 ***Crantez les angles en diagonale. Retournez délicatement les attaches sur l'endroit*** à l'aide d'un tourne-ganse, par exemple. Repassez-les.

6 Épinglez les attaches sur l'endroit de la housse le long du bord non cousu, en faisant correspondre leurs bords vifs. Positionnez une attache au centre de chacun des côtés et les quatre autres à 6,5 cm (2 ½ po) des coutures des côtés. Piquez les attaches de chaque côté de la housse à 1 cm (⅜ po) du bord.

7 Repliez la bande de revers endroit contre endroit en alignant bien les bords. Faites une couture de 1,3 cm (½ po) aux deux extrémités. Repassez les coutures sans les ouvrir, puis après les avoir ouvertes.

SUITE À LA PAGE SUIVANTE

SUITE

8 Rabattez un des bords du revers sur 1,3 cm (½ po) et repassez. Épinglez le côté non rabattu du revers bord à bord et endroit contre endroit avec la partie ouverte de la housse. Faites correspondre la couture du revers avec une des coutures de côté de la housse.

9 Piquez à 1,3 cm (½ po) du bord tout autour de l'ouverture. Repassez la couture sans l'ouvrir, puis une fois ouverte.

10 Retournez le revers vers l'intérieur de la housse et repassez-le (la couture se trouve au bord). Les attaches apparaissent maintenant dans l'ouverture de la housse. Épinglez le revers pour le maintenir en place. Piquez le long du rentré réalisé à l'étape 8. Enlevez les épingles à mesure que vous vous en approchez.

11 Bourrez votre housse avec votre coussin sans rebord et faites des boucles avec les attaches. Donnez-vous une bonne petite tape sur l'épaule, car vous venez de réaliser un superbe coussin !

FAITES PREUVE
DE CRÉATIVITÉ !

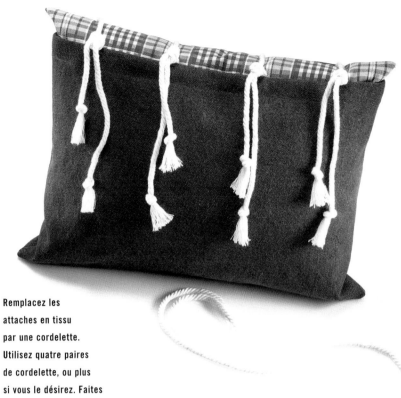

Remplacez les
attaches en tissu
par une cordelette.
Utilisez quatre paires
de cordelette, ou plus
si vous le désirez. Faites
un nœud 5 cm (2 po)
avant leur extrémité,
effrangez-les pour
leur donner l'aspect
de pompons.

Créez une collection de
coussins à attaches en
sélectionnant des tissus
qui peuvent se coordonner,
par exemple, un imprimé
floral, un tissu uni et un
tissu rayé, dans les mêmes
tons. Interchangez les tissus
pour chacun des coussins
et chacune des housses.

COUVERTURE
de bébé

Les couvertures font partie intégrante de l'univers de bébé. Le plus souvent, elles offrent confort, chaleur et sécurité, mais peuvent servir de tapis de sol sur lequel bébé peut se traîner ou de matelas improvisé sur lequel vous pouvez changer bébé quand vous êtes en déplacement. Les galons à couverture faciles à coudre et les molletons synthétiques vous permettent de confectionner de nouvelles couvertures en un clin d'œil. Vu que les instructions suivantes exigent l'emploi de colle à tissu, il vous faudra laver la couverture avant de l'utiliser.

CE QUE VOUS ALLEZ APPRENDRE

Comment coudre un galon de couverture en satin

Le secret des coins en onglet

L'importance du REPASSAGE

CE DONT VOUS AUREZ BESOIN

Molleton synthétique (Polar): 95 cm (1 verge)

Galon de satin pour couverture d'une couleur assortie au tissu

Règle à matelassage ou équerre de menuisier

Bâton de colle à tissu (p. 34)

Fil de couleur assortie au galon

Confection d'une
COUVERTURE de BÉBÉ

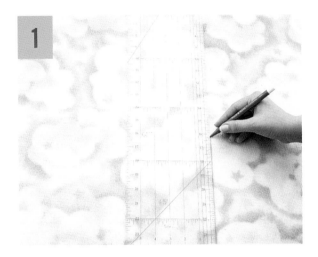

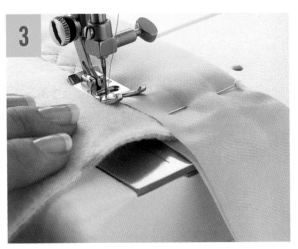

1 Taillez un rectangle de tissu de 91,5 x 115 cm (36 x 45 po). Utilisez une règle à matelassage ou une équerre de menuisier pour vous assurer que les angles sont bien droits. Dans les étapes suivantes, déroulez le galon de satin à mesure selon vos besoins, et ne le coupez pas avant d'arriver à l'étape 7.

CONSEIL Le molleton synthétique (Polar) est en fait un tissu à armure tricot qui mesure en général 152,5 cm (60 po) de large. Évitez de vous servir des LISIÈRES comme côtés du rectangle, car celles-ci pourraient s'étirer légèrement et se déformer.

2 Commencez à poser le galon de satin à 25,5 cm (10 po) d'un coin en vous dirigeant vers celui-ci et dans le sens des aiguilles d'une montre. Glissez le bord du molleton dans le galon jusqu'à la pliure. Épinglez toutes les épaisseurs ensemble, perpendiculairement au bord. Espacez les épingles de 5 cm (2 po), leur tête étant à l'extérieur du tissu.

CONSEIL Assurez-vous que le galon reste plié bien à plat par-dessus le molleton de façon que le pli extérieur reste net. De cette façon, les bords du galon du devant et du dos seront parfaitement alignés l'un sur l'autre.

3 Sélectionnez un point zigzag tout usage (p. 21) à la largeur maximum et de 2 mm (10 points au pouce) de long. Glissez la couverture sous le pied-de-biche, là où commence le galon, le bord intérieur de ce dernier étant aligné sur le *côté gauche de l'ouverture du pied-de-biche.* Piquez jusqu'au bord du tissu, en enlevant les épingles à mesure que vous vous en approchez. Arrêtez et *retirez le tissu de la machine* (p. 121).

4 Déposez la couverture sur votre planche à repasser. Ouvrez le galon au coin de la couverture. Il se crée naturellement une diagonale à 45° entre le coin du molleton et le côté ouvert du galon. Repassez cet angle du bout du fer.

5 Repliez le galon sur la couverture de façon que la pliure vienne former un coin à 45°. La pliure va en diagonale du coin extérieur au coin intérieur, leurs angles étant parfaitement alignés.

ANNOTATION ÉCLAIR

Côté gauche de l'ouverture du pied-de-biche. L'ouverture dans le centre du pied-de-biche est suffisamment large pour que vous piquiez avec la plus grande largeur de point possible. Guidez le tissu en laissant un minuscule espace entre le bord du galon et le bord gauche de l'ouverture. La partie la plus à gauche du point devrait à peine passer par-dessus le bord du galon. Ajustez la position si nécessaire.

SUITE À LA PAGE SUIVANTE

Confection d'une
COUVERTURE de BÉBÉ

6 Retournez la couverture et repliez le galon à 45° de façon que la pliure en diagonale à l'arrière de la couverture tombe exactement dans l'angle. Fixez les pliures à l'aide de colle en bâton. On appelle ceci **faufilage à la colle**.

7 Insérez le molleton dans le pli du galon tout le long du côté suivant. Glissez la couverture sous le pied-de-biche en alignant l'angle intérieur de la pliure en diagonale sur le côté gauche de l'ouverture du pied-de-biche. Faites deux ou trois **points arrière** (p. 19). Piquez ensuite jusqu'au bord du tissu du coin suivant. Arrêtez et retirez la couverture de la machine.

8 Répétez les étapes 4 à 7 pour les autres coins. Quand vous arrivez là où vous avez commencé, coupez le galon en ajoutant 10 cm (4 po). Ouvrez le galon. Rabattez-le de 5 cm (2 po) sur l'envers et repassez-le.

Faufilage à la colle. Servez-vous de colle pour tissu. Ce produit versatile peut devenir un de vos alliés préférés. Cet adhésif temporaire présenté en tube rétractable s'applique en petites touches ou en ligne continue. Il ne décolore pas le tissu et disparaît complètement au lavage.

Sélectionnez un point de longueur 0. La machine continuera à piquer en zigzag puisque c'est ce point qui est sélectionné, mais le tissu n'avancera pas.

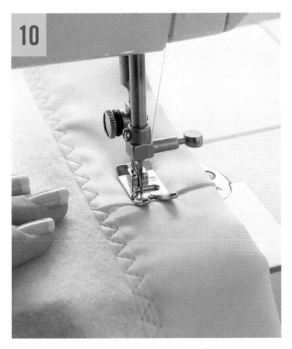

9 Glissez la couverture dans la pliure du galon, que vous épinglez au bord de la couverture. La partie rabattue du galon recouvre le début du galon sur 5 cm (2 po). Fixez-la à la colle en bâton. Piquez le dernier côté, en dépassant ce chevauchement d'environ 2,5 cm (1 po). Retirez la couverture de la machine et coupez les fils à ras.

10 ***Sélectionnez un point de longueur 0.*** Mettez la partie où il y a chevauchement du galon sous le pied-de-biche de façon que le pli du rabat se trouve à 6 mm (¼ po) en avant de l'ouverture du pied-de-biche. Fixez le pli en faisant aller et venir l'aiguille au moins deux fois. Ce **POINT D'ARRÊT** fixe le pli sur le galon. Ainsi, les nombreux lavages n'abîmeront pas la couverture.

PAS MAL FACILE, N'EST-CE PAS !

Toutes les étapes préliminaires d'épinglage, de repassage et d'encollage peuvent sembler un peu fastidieuses, mais elles font toute la différence en ce qui concerne la précision et la facilité de la piqûre finale.

CABAS-COUVERTURE
pour la sieste
de BÉBÉ

Lorsque vous ferez de courts déplacements avec votre bébé, vous pourrez mettre vos articles essentiels dans ce cabas fort pratique, qui s'ouvre avec une fermeture à glissière et se transforme au besoin en couverture douce et matelassée sur laquelle votre bébé pourra dormir ou s'ébattre. Ce cabas est en fait un carré avec **DOUBLURE BORD-À-BORD**. Une poche doublée, très pratique, qui va de l'avant à l'arrière, donne une épaisseur supplémentaire au centre du carré. Procurez-vous du tissu déjà matelassé pour la partie extérieure et de la flanelle de coton pour la **DOUBLURE**. Assurez-vous de faire subir un **PRÉ-RÉTRÉCISSEMENT** aux deux tissus en les lavant avant de les couper et de les coudre. Achetez une **FERMETURE À GLISSIÈRE SÉPARABLE** de 76 cm (30 po) d'une couleur assortie au tissu et à la doublure.

CE QUE VOUS ALLEZ APPRENDRE

Comment confectionner un article doublé bord à bord

Comment utiliser du ruban thermocollant (p. 34)

Comment faire une SURPIQÛRE

Les fermetures à glissière ne sont pas si rébarbatives que ça !

CE DONT VOUS AUREZ BESOIN

Règle à matelassage ou équerre de menuisier pour mesurer et couper

Tissu déjà matelassé ; métrage de 1,15 m (1 ¼ verge)

Flanelle de coton comme doublure ; 1,15 m (1 ¼ verge)

Fil de couleur assortie ou neutre

Ruban thermocollant avec papier protecteur de 1 cm (⅜ po) de large

Fermeture à glissière séparable de 76 cm (30 po) de long

Ruban à faufilage

Safran (p. 33)

Confection d'un **CABAS-COUVERTURE**

pour la sieste de bébé

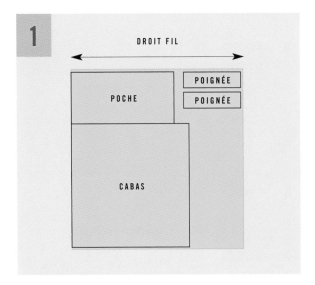

1

DROIT FIL

POIGNÉE

POIGNÉE

POCHE

CABAS

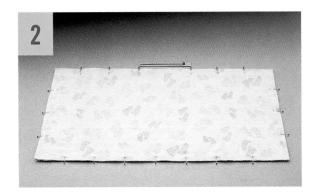

2

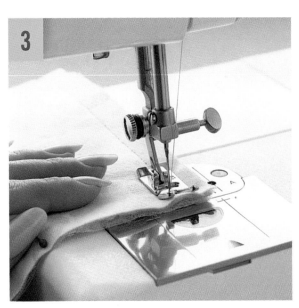

3

ALLONS-Y !

1 Faites prérétrécir le tissu et la doublure. À l'aide d'une règle à matelassage ou d'une équerre de menuisier, tracez un carré parfait de 78,5 cm (31 po) de côté sur le tissu matelassé (cabas). Tracez également un rectangle de 33 x 68,5 cm (13 x 27 po) et deux rectangles de 10 x 38 cm (4 x 15 po) pour les poignées. **Ne vous servez pas des lisières** comme un des côtés. Taillez les morceaux. Servez-vous du carré et de la poche pour tailler la doublure.

2 Endroit contre endroit, épinglez la doublure de la poche sur la poche en **insérant les épingles perpendiculairement au bord** (p. 19) et tout autour du rectangle. Laissez une ouverture de 15 cm (6 po) sur un des côtés.

3 Sélectionnez un point droit d'une longueur de 2 à 2,5 mm (10 à 12 points au pouce). Mettez la partie épinglée des tissus sous le pied-de-biche juste en avant de l'ouverture. Alignez le bord des tissus sur le **guide de ressource de couture de 1,3 cm (½ po)** (p. 19) sur la plaque à aiguille. Le tissu se trouvera à gauche de la machine. Faites quelques **points arrière** (p. 19) vers l'ouverture, puis piquez en maintenant le bord des tissus le long du guide de ressource de couture de 1,3 cm (½ po). Enlevez les épingles à mesure que vous vous en approchez (p.19). Arrêtez de piquer à 1,3 cm (½ po) du coin, en vous assurant que l'aiguille traverse le tissu. (Tournez le volant vers vous jusqu'à ce qu'elle descende).

CABAS-COUVERTURE pour la sieste de bébé

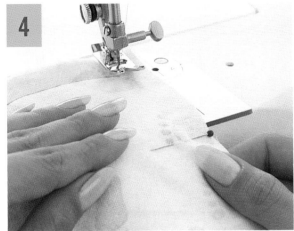

4

5

6

4 Relevez le pied-de-biche et faites tourner le tissu d'un quart de tour. Abaissez le pied-de-biche et continuez de piquer en faisant **PIVOTER** le tissu à chaque coin. Arrêtez de piquer à la dernière épingle avant l'ouverture. Faites deux ou trois points arrière. ***Retirez le tissu de la machine*** (p. 121).

CONSEIL Marquez un point à 1,3 cm (½ po) de chaque coin sur l'envers de la doublure. Ainsi, quand vous arriverez près d'un coin en piquant, vous pourrez voir exactement où vous devez vous arrêter.

5 ***Crantez les ressources de couture des coins en diagonale (p. 139).*** **RE-PASSEZ** la couture sans l'ouvrir pour bien faire entrer la piqûre dans le tissu. Faites passer un polochon ou un passe-carreau par l'ouverture pour repasser les **RESSOURCES DE COUTURE** ouvertes. À l'ouverture, rabattez les ressources de couture sur 1,3 cm (½ po) et repassez-les.

6 Taillez un morceau de ruban thermocollant de 15 cm (6 po). Placez-le sur la ressource de couture de la doublure à l'ouverture, juste au bord de la pliure. Repassez-le au fer-chaud pour le coller en suivant les recommandations du fabricant.

ANNOTATION ÉCLAIR

Ne vous servez pas des lisières. Cette partie au bord du tissu dont l'armure est plus serrée que le reste du tissu doit être éliminée pour éviter que le tissu ne tire. Même si la lisière semble droite, elle rétrécira probablement au lavage et déformera le bord.

SUITE À LA PAGE SUIVANTE

Confection d'un CABAS-COUVERTURE

pour la sieste de bébé

7 Retournez la poche à l'endroit. Passez un safran par l'ouverture et poussez délicatement le tissu dans les angles pour obtenir des *coins parfaits* (p. 129). Éliminez le papier protecteur du ruban thermocollant. Alignez les bords repliés de l'ouverture. Repassez du côté de la doublure pour coller les deux bords ensemble et fermer l'ouverture et repassez les bords de la poche.

8 **MARQUEZ** le centre de deux des côtés opposés du grand carré. Marquez également les centres des deux petits côtés de la poche. Centrez la poche sur le carré, endroit sur le dessus. Les extrémités de la poche devraient se trouver à 6,5 cm (2 ½ po) du bord du carré. Fixez la poche au cabas le long de ses côtés longs en posant les épingles perpendiculairement aux bords.

9 Glissez le tissu sous le pied-de-biche de sorte que le bord droit du pied s'aligne sur le bord de la poche et que l'arrière du pied s'aligne sur l'extrémité de la poche. Vous allez faire une **SURPIQÛRE** sur la poche. Effectuez un point arrière jusqu'au bord de la poche, puis piquez en avant jusqu'à l'extrémité suivante. Faites quelques points arrière. Faites la même chose de l'autre côté de la poche.

CONSEIL Sur la plupart des machines, le bord droit du pied-de-biche se trouve à 6 mm (¼ po) de la pointe de l'aiguille. Si ce n'est pas le cas pour votre machine, choisissez une autre méthode pour faire votre surpiqûre à 6 mm (¼ po) du bord de la poche.

10 Marquez deux lignes sur la poche, chacune se trouvant à 2,5 cm (1 po) du centre de la poche (dans le sens de la largeur). Piquez sur ces deux lignes en faisant quelques points arrière à chacune des extrémités. Ces lignes diviseront la poche en deux. Marquez une ligne dans le centre de chacune des parties de la poche (dans le sens de la longueur) et piquez par-dessus. Cette piqûre divisera les deux poches en deux, ces dimensions sont idéales pour transporter des biberons.

11 Pliez en deux et dans le sens de la longueur une des bandes faisant office de poignée et repassez-la. Ouvrez-la et retournez ses bords vifs vers l'intérieur en les alignant sur la pliure faite dans le centre avec le fer. Repassez-les et repliez de nouveau la bande en son milieu. Les bords sont maintenant pris à l'intérieur. Épinglez toutes les épaisseurs ensemble. Procédez de la même façon avec l'autre bande. Surpiquez à 6 mm (¼ po) du bord des deux côtés de chaque poignée.

12 Épinglez les extrémités d'une poignée au bord du grand carré de tissu, le côté intérieur de chaque extrémité des poignées se trouvant à 7,5 cm (3 po) du centre de la poche. Épinglez l'autre poignée de la même façon. Piquez les extrémités des poignées à 1,3 cm (½ po) du bord.

SUITE À LA PAGE SUIVANTE

Confection d'un CABAS-COUVERTURE
pour la sieste de bébé

SUITE

----

13 Sur l'endroit de la fermeture à glissière, appliquez du ruban à faufilage (p. 34) le long de ses bords. Enlevez le papier protecteur.

14 Posez la fermeture à glissière fermée, l'endroit en dessous, le long d'un des côtés sans poignée, en alignant son bord avec celui du tissu. Les **butoirs** supérieur et inférieur de la fermeture devraient se trouver à 1,3 cm (½ po) des bords du tissu. Installez le pied à fermeture à glissière sur la machine et réglez la machine de sorte que *l'aiguille vienne piquer à gauche du pied-de-biche.* Sélectionnez un long point droit et **FAUFILEZ** la fermeture à glissière sur le tissu en piquant à 1 cm (⅜ po) du bord.

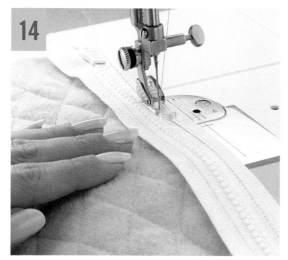

CONSEIL **Mesurez 1 cm (⅜ po) à partir du bord extérieur de la fermeture à glissière (ruban) et tracez une ligne au crayon qui vous servira de guide.**

15 Appliquez l'autre côté de la fermeture (avec le ruban collant) sur l'autre côté de la couverture, comme indiqué à l'étape 14. Ouvrez la fermeture et séparez-la en deux. Faufilez-la de la même façon que pour l'autre côté. Endroit contre endroit et bien alignée au bord du tissu, épinglez la doublure à la

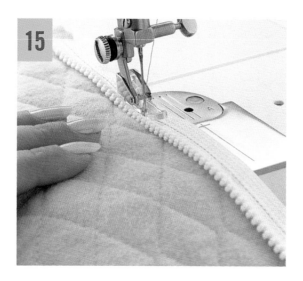

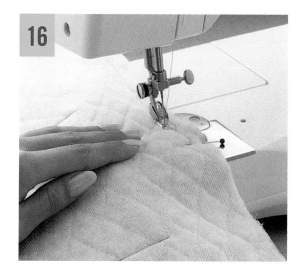

couverture en prenant la fermeture à glissière ainsi que les extrémités des poignées, dans la ressource de couture. Laissez une ouverture entre les extrémités d'une poignée.

16 Glissez le tissu sous le pied à fermeture à glissière, le tissu matelassé sur le dessus. Commencez à piquer sur une poignée. Faites votre piqûre à 1,3 cm (½ po) tout autour du carré, en faisant quelques points arrière après et avant l'ouverture et en faisant pivoter le tissu dans les coins comme indiqué aux étapes 2 et 3.

17 Réduisez les coins en diagonale, repassez les ressources de couture, retournez le cabas à l'endroit par l'ouverture. Fermez l'ouverture comme indiqué aux étapes 5 et 6. Installez le pied-de-biche tout usage. Faites une surpiqûre à 6 mm (¼ po) tout autour du carré.

ANNOTATION ÉCLAIR

Butoirs de fermeture à glissière. Une minuscule barre transversale en haut de la fermeture à glissière empêche le curseur de sortir au bout. Dans le cas d'une fermeture séparable, le butoir du bas, plus important, aligne et soutient les dents de la fermeture.

L'aiguille piquera à gauche du pied-de-biche. Sur certaines machines, on peut ajuster la position de l'aiguille, alors que sur d'autres, c'est le pied qui s'ajuste. Consultez le manuel de votre machine pour vérifier la bonne façon d'ajuster votre machine.

VOTRE CABAS EST TERMINÉ !

Fermez simplement la fermeture à glissière dans le centre et pliez le cabas en deux. Vous voilà prête à partir !

NAPPE ronde

Une table ronde habillée d'une nappe retombant jusqu'à terre ajoute de l'élégance à une pièce et fournit un espace caché de rangement. Ce modèle de nappe a un bord fini avec un passepoil (p. 35), élément qui simplifie l'**OURLET** et ajoute un certain style. On peut aussi employer un ruban de biais à rentré simple (p. 35). Choisissez un tissu qui tombera en souplesse au bas de la table. Pour éviter d'avoir à faire des raccords de motifs aux **COUTURES**, il est préférable d'employer des tissus unis ou à petit imprimé.

CE QUE VOUS ALLEZ APPRENDRE

Comment mesurer et déterminer le métrage de tissu nécessaire pour faire une nappe ronde

Comment tailler un cercle parfait

Comment finir (p. 21) un bord arrondi

CE DONT VOUS AUREZ BESOIN

Tissu (métrage déterminé à l'étape 1)

Ruban à mesurer métallique

Crayon à marquer le tissu

Bâton de colle pour tissu (p. 34)

Fil

Passepoil recouvert de tissu ou ruban de biais à rentré simple de couleur coordonnée ou contrastante à la couleur du tissu de la nappe (trois fois et demie le diamètre de la nappe)

Confection d'une NAPPE RONDE avec BORD PASSEPOILÉ

ALLONS-Y !

1 Mesurez le diamètre de votre table et la longueur de la **RETOMBÉE** voulue pour la nappe. Déterminez la quantité de tissu qu'il vous faut en vous servant de la formule ci-contre. (Les chiffres du tableau correspondent à la nappe de la page 156. Vos chiffres seront probablement différents.)

> **CONSEIL** La majeure partie des tissus d'ameublement mesurent 122 ou 137 cm (48 ou 54 po) de large, parfois plus, surtout en France. Vous devrez probablement assembler une largeur de tissu à une ou deux autres largeurs partielles de tissu pour obtenir le diamètre voulu. La longueur de chaque morceau égalera le diamètre de la nappe.

2 Préparez votre tissu (p. 41). Mesurez et faites le **MARQUAGE** des lignes sur lesquelles tailler (longueur égale au diamètre de la nappe) le long de la **LISIÈRE**. Coupez selon les instructions de coupe données aux pages 42 et 43. Éliminez les lisières et leur armure trop serrée.

1

Diamètre de la table		71 cm (28 po)
+ deux fois la retombée jusqu'au sol	+	73,5 cm (29 po)
	+	73,5 cm (29 po)
pour trouver le diamètre de la nappe	=	218,5 cm (86 po)
Divisez par la largeur du tissu	÷	137 cm (54 po)
Arrondissez au chiffre supérieur le plus près	=	1,59
pour trouver le nombre de largeurs de tissu voulues		2
Multipliez par le diamètre de la nappe	x	218,5 cm (86 po)
pour trouver la quantité totale de tissu nécessaire	=	437 cm (172 po)
Convertissez en mètres (verges)		4,5 m (4⅞ v.)

3 Déterminez où vous voulez la ou les coutures sur votre nappe (référez-vous au schéma ci-dessous au besoin). Taillez une des largeurs de tissu tel qu'indiqué (solution A ou solution B).

Solution A
Faites seulement une couture lorsque le diamètre de la nappe fait moins qu'une fois et demie la largeur du tissu. Soustrayez la largeur du tissu du diamètre de la nappe. Coupez une bande dans le sens de la **CHAÎNE (DROIT FIL)** en ajoutant 5 cm (2 po) à cette mesure.

Solution B
Faites deux coutures lorsque le diamètre de la nappe fait plus qu'une fois et demie la largeur du tissu. *Coupez le morceau de tissu en deux dans le sens de la longueur.*

4 Endroit contre endroit et sur la longueur, épinglez un morceau de largeur partielle ou une moitié de morceau au morceau pleine largeur, en *insérant les épingles perpendiculairement aux bords* (p. 19). Glissez les bords épinglés sous le pied-de-biche, ceux-ci étant alignés sur la *guide de ressources de couture de 1,3 cm (½ po)* (p. 19). Le tissu se trouve à gauche de la machine.

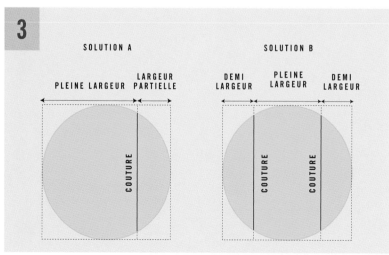

3

SOLUTION A

PLEINE LARGEUR — LARGEUR PARTIELLE

COUTURE

SOLUTION B

DEMI LARGEUR — PLEINE LARGEUR — DEMI LARGEUR

COUTURE   COUTURE

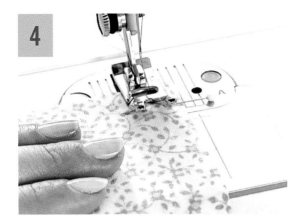

Coupez le morceau de tissu en deux dans le sens de la longueur. Pliez une largeur de tissu en deux dans le sens du droit fil. **REPASSEZ** sur la pliure et taillez en suivant celle-ci.

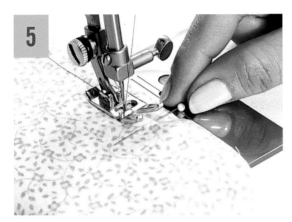

5 Sélectionnez un point droit de 2 à 2,5 mm (10 à 12 points au pouce) de long. Piquez à 1,3 cm (½ po) du bord, *en enlevant les épingles à mesure que vous vous en approchez* (p. 19).

6 Si vous avez opté pour la solution B, piquez le second morceau étroit de l'autre côté du morceau pleine largeur en suivant les étapes 4 et 5. Sélectionnez un point zigzag (p. 21) d'une largeur de 2,5 mm (10 points au pouce). Piquez près du bord de chaque ressource de couture afin que le point qui va vers la droite passe juste par-dessus le bord du tissu. Ce surfilage empêchera les coutures de s'effilocher.

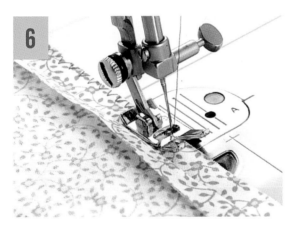

7 Repassez la ou les coutures sans les ouvrir. Ouvrez le tissu, ouvrez les **RESSOURCES DE COUTURE** et repassez-les de nouveau.

CONSEIL Quand on repasse la couture avant de l'ouvrir, les points pénètrent bien dans le tissu et donne une couture finale plus belle.

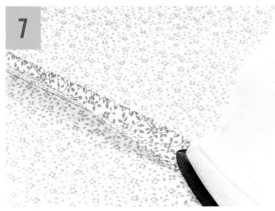

SUITE À LA PAGE SUIVANTE

Confection d'une NAPPE RONDE avec BORD PASSEPOILÉ

SUITE

8 Pliez le tissu en deux dans le sens de la chaîne, puis de la trame, en faisant coïncider les bords vifs des quatre épaisseurs. Épinglez ces épaisseurs ensemble pour les empêcher de bouger. À l'aide du ruban métallique et d'un crayon à marquer le tissu, tracez un arc de cercle sur le tissu de la façon suivante : posez l'extrémité du ruban sur le coin, trouvez sur ce dernier le chiffre correspondant au rayon de la nappe (moitié du diamètre) et déplacez votre ruban d'un côté à l'autre en traçant une ligne en arc de cercle à la mesure choisie. Coupez le long de cette ligne, le tissu étant encore plié en quatre. Enlevez les épingles.

9 Épinglez le passepoil bord à bord avec le tissu en faisant boire le passepoil tout autour de l'arrondi. Faites chevaucher le passepoil quand vous avez fait le tour mais ne le coupez pas.

10 Sélectionnez un point droit. Installez le pied-de-biche à fermeture à glissière (p. 11) et mettez-le à droite de l'aiguille. Si le pied ne s'ajuste pas, mettez l'aiguille à gauche du pied-de-biche. Lentement, piquez par-dessus la couture du passepoil. Commencez votre piqûre 5 cm (2 po) en dessous de l'extrémité du passepoil et enlevez les épingles à mesure que vous vous en approchez.

11 Arrêtez de piquer 5 cm (2 po) avant l'endroit où les deux extrémités se rencontrent. Coupez le passepoil de façon qu'il chevauche le début de 2,5 cm (1 po). Ouvrez la couture du passepoil (côté de la fin), exposez la cordelette et coupez-la de façon qu'elle arrive bout à bout avec l'autre l'extrémité de la cordelette.

CONSEIL Si vous employez un passepoil en paquet et que vous avez besoin d'en raccorder les morceaux, effectuez les étapes **11 et 12** pendant que vous le cousez.

12 Repliez le tissu du passepoil vers l'intérieur pour faire un rentré de 1,3 cm (½ po), recouvrez l'autre extrémité et piquez.

13 Rabattez les bords de la nappe et du passepoil vers la nappe de sorte que le passepoil borde la nappe. Repassez légèrement la couture. Installez le pied-de-biche tout usage et remettez l'aiguille en position centrale, si vous l'avez changée de position. Placez le pied-de-biche contre le passepoil et piquez (sur l'endroit) toutes les épaisseurs (nappe, passepoil et ressources de couture) ensemble en glissant le bord droit du pied-de-biche le long du passepoil.

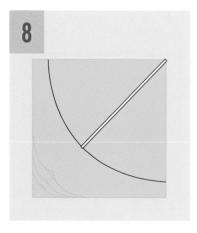

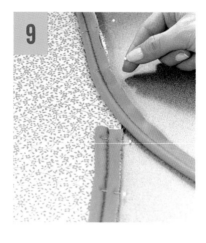

SUPER !

Avez-vous trouvé ce bord de nappe long à faire ? Donnez un dernier coup de fer à votre nappe, mettez-la sur votre table en la centrant bien. Vous pouvez être fier de vous !

ANNOTATION ÉCLAIR

La technique *faire boire* est employée lorsqu'on travaille avec des bords en **BIAIS**, entre autres les tissus de passepoil. Évitez d'étirer le passepoil ; soutenez-le plutôt pendant que vous l'épinglez.

1 Suivez les étapes 1 à 8, en ajoutant 1,3 cm (½ po) au diamètre de la nappe avant de couper. Dépliez un des replis du ruban de biais. Épinglez le biais endroit contre endroit sur la nappe le long du bord, en le faisant légèrement boire pendant que vous épinglez. Faites chevaucher les deux extrémités du biais sur 1,3 cm (½ po).

2 Piquez au point droit dans la pliure du biais, en enlevant les épingles à mesure que vous vous en approchez. Piquez sur les points de départ sur 1,3 cm (½ po).

3 Rabattez le biais vers l'envers du tissu de sorte que la couture se trouve exactement sur le bord. Repassez. Fixez temporairement le biais avec de la colle pour tissu en bâton. Piquez aussi proche que possible du repli intérieur du biais.

NAPPE
rectangulaire

Une nappe rectangulaire toute simple ajoute du cachet à votre décor ou accentue les couleurs de votre intérieur. De plus, elle se change rapidement, que ce soit pour des occasions spéciales, les changements de saison ou tout simplement votre bon plaisir! Les coins en angle à 45º ont une allure très professionnelle, même s'ils sont extrêmement faciles à réaliser. On peut se servir de cette technique pour de nombreux articles de décoration intérieure, entre autres les jetés de table carrés qui se disposent sur les nappes rondes à retombées jusqu'au sol, les serviettes, les sets de table et les couvre-meuble.

CE QUE VOUS ALLEZ APPRENDRE

Comment réaliser des ourlets à double rentré

Comment un bâton de colle permet de réaliser des coins en onglet parfaits

Même les articles les plus simples à réaliser ont un grand impact décoratif

CE DONT VOUS AUREZ BESOIN

Tissu : métrage déterminé à l'étape 1

Fil de couleur assortie

Bâton de colle pour tissu (p. 34)

Confection d'une NAPPE RECTANGULAIRE

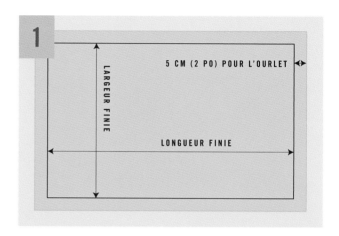

1

LARGEUR FINIE

5 CM (2 PO) POUR L'OURLET

LONGUEUR FINIE

ALLONS-Y !

1 Décidez de la grandeur finie de votre nappe. Ajoutez 10 cm (4 po) à la longueur et à la largeur pour l'**OURLET**. Taillez un rectangle de tissu en fonction de ces mesures et en suivant les instructions de coupe des pages 42 et 43.

CONSEIL Choisissez un tissu dont la largeur sera suffisante pour réaliser votre nappe en un seul morceau : un tissu de 122 cm (48 po) suffit pour réaliser une nappe d'une largeur finie de 112 cm (44 po) ; un tissu de 137 cm (54 po) suffit pour réaliser une nappe d'une largeur finie de 127 cm (50 po) ; un tissu de 152,5 cm (60 po) suffit pour réaliser une nappe d'une largeur finie de 142 cm (56 po).

2 Rabattez tous les bords sur l'envers sur 5 cm (2 po) et **REPASSEZ**. Dépliez ce rabat et repliez les coins en diagonale, exactement à l'intersection des pliures de l'ourlet. Crantez l'angle en diagonale là où les plis se croisent sur la pliure. Employez une touche de colle à tissu pour maintenir le coin en place.

2

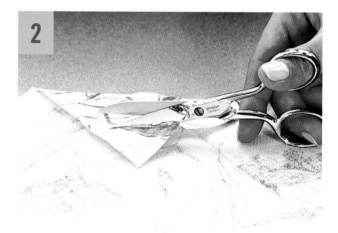

3

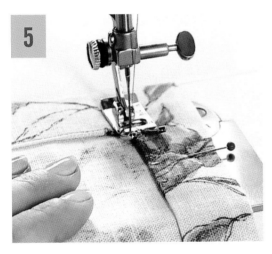

⊙

ANNOTATION ÉCLAIR

Surpiqûre près du bord. Piquez aussi proche que possible du bord de l'ourlet. Alignez le pied-de-biche de sorte que l'aiguille pénètre dans le tissu juste à droite de la pliure. Observez l'endroit du pied-de-biche qui s'aligne avec le bord de l'ourlet. Quand vous piquez, assurez-vous que le tissu reste aligné sur ce point, plutôt que d'observer l'aiguille. Piquez lentement pour mieux contrôler votre piqûre.

3 Repliez les deux côtés selon la pliure faite à l'étape 2, en alignant bien les bords repliés. Repassez.

4 Faites un rentré, le bord vif du tissu venant s'encastrer dans la première pliure et formant ainsi un *ourlet à double rentré* (p. 99). Épinglez l'ourlet en insérant les *épingles perpendiculairement à la pliure* (p. 19). Ajoutez quelques touches de colle additionnelles pour bien fixer les coins.

5 *Faites une surpiqûre près du bord,* le long de la pliure. Aux coins, arrêtez la machine en laissant l'aiguille dans le tissu et faites **PIVOTER** le tissu. Quand vous revenez au début de votre piqûre, piquez par-dessus celle-ci sur 1,3 cm (½ po). Repassez la nappe.

CONSEIL Assurez-vous d'avoir une grande surface de travail à votre gauche pour que vous puissiez guider facilement la masse de tissu sur la machine quand vous piquez. Cela vous permettra de piquer en ligne droite.

ET VOILÀ !

Mettez votre nappe sur la table. Reculez de quelques pas et attendez les compliments.

IDÉES de nappes originales

Ajoutez un jeté de table rond et court sur une nappe ronde qui retombe jusqu'à terre. Créez un effet romantique en fronçant et en remontant les bords du jeté à intervalles réguliers et en fixant le tissu à l'aide d'épingles de sûreté. Ajoutez des boucles pour donner une touche féminine à l'ensemble.

Piquez de la dentelle préfroncée au bord d'une nappe que vous mettrez sur une table de nuit.

Soustrayez la largeur de la dentelle du rayon de la nappe avant de tracer l'arc de cercle, tel qu'indiqué à l'étape 8, p. 160. Retournez l'extrémité coupée de la dentelle sur 1,3 cm (½ po) quand vous commencez à piquer et recouvrez-en l'autre extrémité quand vous terminez votre cercle.

Imprimez un motif dans les angles ou au bord d'un jeté de table. Pour obtenir de meilleurs résultats, choisissez un tissé serré en fibres naturelles. Servez-vous de peinture acrylique pour tissu et de tampons de néoprène en suivant les instructions du fabricant.

CHEMIN DE TABLE
doublé

Imaginez et réalisez un superbe chemin de table qui viendra égayer votre table de salle à manger. Vous avez le choix entre un chemin de table court, qui donnera une petite touche décorative, ou un chemin de table qui fait toute la longueur de la table et a une **RETOMBÉE** de 20,5 à 25,5 cm (8 à 10 po) à chaque bout. Pour un chemin de table aussi utilisé comme set de table, choisissez une largeur de 46 cm (18 po). En modifiant la largeur et la longueur, vous pouvez créer le chemin de table de votre choix.

Comme ce chemin de table est **DOUBLÉ BORD À BORD**, il peut donc être réversible si vous choisissez deux tissus d'ameublement différents. Le passepoil (p. 35) qui le décore existe en de multiples grosseurs et couleurs. Pour faciliter l'application du passepoil, choisissez-en un dont la largeur ne dépasse pas 4,5 mm (³⁄₁₆ po).

CE QUE VOUS ALLEZ APPRENDRE

Comment poser un passepoil mince dans la couture d'un article doublé

Comment réaliser avec facilité des extrémités en pointe

Comment améliorer vos techniques et aptitudes

CE DONT VOUS AUREZ BESOIN

Tissu d'ameublement; le métrage dépend de la grandeur du chemin de table

Doublure; même métrage que le tissu

Passepoil mince; métrage légèrement supérieur au périmètre du chemin de table

Fil de couleur assortie

Confection d'un CHEMIN DE TABLE DOUBLÉ

ALLONS-Y !

1 Déterminez la longueur et la largeur finies de votre chemin de table. Ajoutez 2,5 cm (1 po) à ces deux mesures pour obtenir des **RESSOURCES DE COUTURE** de 1,3 cm (½ po) tout autour. **MARQUEZ** ces mesures sur le tissu et taillez un rectangle dans le tissu d'ameublement pour le dessus en suivant les instructions de coupe des pages 42 et 43. Taillez la doublure selon les mêmes mesures.

CONSEIL Si vous coupez le chemin de table dans le sens de la **TRAME** pour la longueur, sachez que sa longueur maximale aura 2,5 cm (1 po) de moins que la largeur du tissu. Si vous le coupez dans le sens de la **CHAÎNE**, vous pouvez choisir n'importe quelle longueur, mais vous gaspillerez plus de tissu. Si c'est ce que vous choisissez, vous pourriez envisager de tailler le dessus et la doublure dans le même tissu.

2 Envers contre envers et en alignant les bords, pliez le tissu en deux dans le sens de la longueur. Épinglez les deux épaisseurs du tissu pour l'empêcher de bouger. Faites une marque à 21,8 cm (8 ½ po) d'une extrémité. Tracez une diagonale de ce point à la pliure du tissu. Coupez les deux épaisseurs de tissu en suivant soigneusement cette ligne et en maintenant bien le tissu bord à bord.

3 Répétez l'étape 2 à l'autre extrémité. Enlevez les épingles et dépliez le tissu. Posez le chemin de table sur la doublure et servez-vous en comme d'un patron pour tailler les pointes sur la doublure.

1

COUPEZ DANS LE SENS DE LA CHAÎNE OU DE LA TRAME

LONGUEUR FINIE | LARGEUR FINIE

RESSOURCES DE COUTURE DE 1,3 CM (½ PO)

2

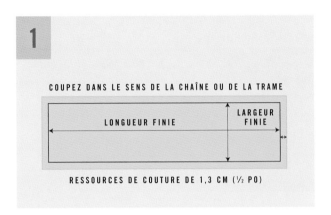

3

4 Épinglez le passepoil endroit contre endroit sur un des côtés du chemin de table, sans tirer sur le passepoil. Prévoyez un chevauchement des deux extrémités du passepoil sur une des longueurs du tissu, mais sans les épingler. ***Insérez les épingles perpendiculairement aux bords*** (p. 19).

CONSEIL **Ne tirez pas sur le passepoil pendant que vous l'épinglez et faites-le boire légèrement aux angles afin qu'il puisse s'aplatir quand on le retourne pour lui donner sa position finale.**

5 Faites une **ENTAILLE** dans la ressource de couture du passepoil à chaque angle, exactement aux coins. ***Entaillez jusqu'à la couture, mais sans l'entamer.*** Cette entaille permettra à la ressource de couture du passepoil de s'ouvrir et de s'aplatir. Épinglez pour maintenir les bords du tissu et du passepoil bien alignés.

ANNOTATION ÉCLAIR

Entaillez jusqu'à la couture, mais sans l'entamer. Chaque fois que vous entaillez une ressource de couture, l'entaille devrait arriver près des points de couture, mais pas les couper. Sinon, un trou se formera dans la couture.

SUITE À LA PAGE SUIVANTE

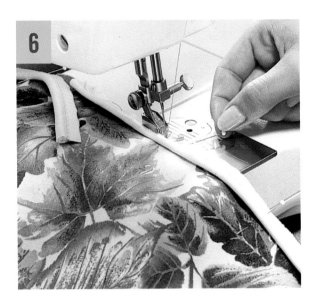

SUITE

6 Sélectionnez un point droit de 2,5 mm (12 points au pouce). Installez le pied pour fermeture à glissière (p. 11) et ajustez-le à droite de l'aiguille. Si votre pied ne s'ajuste pas, placez votre aiguille à gauche du pied. Glissez le tissu sous le pied-de-biche, 5 cm (2 po) plus bas que la première extrémité du passepoil. Lentement, piquez le passepoil au tissu, par-dessus la piqûre déjà existante. *Enlevez les épingles à mesure que vous vous en approchez* (p. 19).

7 Quand vous arrivez à un coin, arrêtez en laissant l'aiguille plantée dans le tissu exactement au bout de l'entaille. Relevez le pied-de-biche et faites faire un **PIVOT** au tissu de sorte que la ligne de piqûre du passepoil sur l'autre côté du coin soit alignée sur l'aiguille. Baissez le pied-de-biche et continuez de piquer tout autour du chemin de table, en faisant pivoter le tissu à chaque coin.

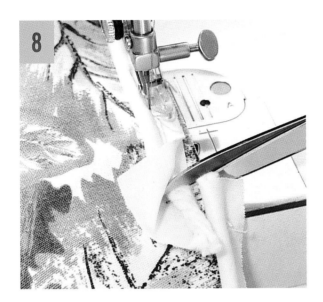

8 Arrêtez votre piqûre 5 cm (2 po) avant l'endroit où les deux extrémités se rencontrent. Coupez le passepoil de façon qu'il chevauche le début sur 2,5 cm (1 po). Ouvrez la couture du passepoil pour dégager la cordelette qui se trouve à l'intérieur et coupez-la de façon qu'elle arrive bout à bout avec l'autre extrémité de la cordelette.

9 Repliez le tissu du passepoil vers l'intérieur sur 1,3 cm (½ po) et recouvrez-en l'autre extrémité du passepoil. Piquez par-dessus votre piqûre sur 1,3 cm (½ po), là où les deux extrémités se touchent.

10 REPASSEZ le long de la piqûre avec la pointe du fer pour détendre le tissu et aplatir la couture. Assurez-vous que le tissu ne gondole pas et ne tire pas là où vous avez assemblé les deux extrémités du passepoil.

SUITE À LA PAGE SUIVANTE

Confection d'un CHEMIN DE TABLE DOUBLÉ

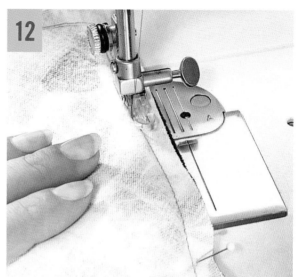

SUITE

11 Endroit contre endroit, épinglez le tissu à la doublure en prenant le passepoil dans les épaisseurs et en alignant les bords. Laissez une ouverture de 18 cm (7 po) sur une des longueurs. Glissez le chemin de table sous le pied-de-biche, la doublure en dessous et devant l'épingle qui marque l'ouverture. Enlevez cette épingle avant d'abaisser le pied-de-biche.

12 Faites trois ou quatre **points arrière** (p. 19). Piquez en avant **par-dessus les points précédents** et en serrant le passepoil de près. Faites pivoter le tissu à chaque angle et arrêtez de piquer de l'autre côté de l'ouverture. Faites trois ou quatre points arrière et **retirez le tissu de la machine (p. 121).**

13 **Crantez les ressources de couture en diagonale dans chaque angle (p. 139).** Rabattez la ressource de couture de la doublure vers la doublure et repassez-la dans cette position.

14 Passez la main par l'ouverture pour attraper une des extrémités du chemin de table et faites-le passer par l'ouverture pour le sortir. Faites la même chose avec l'autre extrémité pour retourner le chemin de table sur l'endroit.

15 Utilisez un safran (p. 33) pour bien former les coins, si nécessaire. Repassez le chemin de table en suivant le bord du passepoil et en tirant sur ce dernier pour bien le mettre en place. Fermez l'ouverture au point coulé (p. 22).

Par-dessus les points précédents. La seconde piqûre doit se faire exactement sur la première ou légèrement plus près du passepoil pour que la première piqûre ne se voie pas lorsqu'on retourne le tissu à l'endroit.

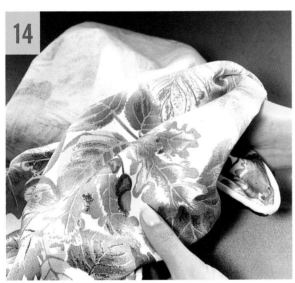

HOURRA !

Placez votre chemin de table sur votre table. Il ajoute une touche rafraîchissante à votre salle à manger, n'est-ce pas ?

Sets de table
MATELASSÉS

Des sets de table matelassés réversibles donnent du style à votre salle à manger et, vu qu'ils sont faciles à réaliser, ils contribuent à vous donner confiance en vous. On peut les confectionner dans toutes les formes et toutes les tailles. Les sets de table présentés ici mesurent 30,5 x 46 cm (12 x 18 po) une fois finis.

Choisissez un tissu léger ou moyennement épais à armure serrée. Mariez des imprimés ou des couleurs unies pour le dessus et le dessous. Achetez du tissu supplémentaire pour confectionner des serviettes de table assorties. Une ouatine faite de polyester ou d'un mélange coton et de polyester (p. 35) peu épais est recommandée pour la confection de sets de table, car elle donne un aspect matelassé et résiste aux nombreux lavages. Les quantités de tissu et de ouatine suggérées suffisent pour confectionner quatre sets de table.

CE QUE VOUS ALLEZ APPRENDRE

Comment poser une DOUBLURE BORD À BORD

Comment utiliser de la ouatine à matelassage

Comment le matelassage à la machine est vraiment très simple

CE DONT VOUS AUREZ BESOIN

Tissu pour le dessus des sets;
0,70 m (¾ verge)

Tissu pour le dessous des sets;
0,70 m (¾ verge)

Ouatine à matelasser peu épaisse;
0,70 m (¾ verge)

Fil de couleur assortie

Craie ou crayon effaçable à l'air (p. 28)

Règle à matelassage de 15 X 61 cm (6 X 24 po) ou mètre en bois

Pied à galets (p. 11); (optionnel)

Confection de SETS DE TABLE MATELASSÉS

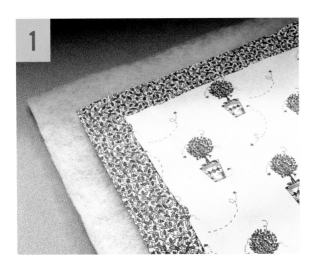

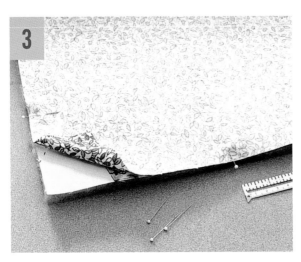

1 Faites subir un **PRÉ-RÉTRÉCISSEMENT** à votre tissu (p. 41). Taillez un rectangle de 33 x 48,5 cm (13 x 19 po) pour le dessus de chacun des sets de table dans un tissu et un autre pour le dessous dans un autre tissu en suivant les instructions de coupe des pages 42 et 43. N'oubliez pas d'aligner les côtés du rectangle sur la **TRAME (TRAVERS)** et la **CHAÎNE (DROIT FIL)** du tissu. Taillez également un rectangle de ouatine de mêmes dimensions pour chaque set de table.

2 À 6,5 cm (2 ½ po) du côté droit et en haut du rectangle (tissu du dessus), **MARQUEZ** un point à la craie ou au crayon effaçable. En allant vers la gauche, ajoutez d'autres marques tous les 5 cm (2 po), la dernière marque se trouvant à 6,5 cm (2 ½ po) du côté gauche. Faites la même chose au bas du rectangle. En joignant ces points, tracez des lignes parallèles sur le tissu du dessus. Ces lignes correspondent aux *lignes de surpiqûre du matelassage*. Faites une petite marque sur l'envers du tissu du dessous, à 1,3 cm (½ po), de chaque côté des coins.

3 Posez le dessus du set, endroit sur le dessus, sur la ouatine en alignant bien les bords. Posez le dessous du set sur le dessus, endroit contre endroit, en faisant bien coïncider les quatre coins et les bords. Épinglez les trois épaisseurs ensemble le long des bords en *insérant les épingles perpendiculairement aux bords* (p. 19). Laissez une ouverture de 15 cm (6 po) sur un des côtés courts.

ANNOTATION ÉCLAIR

Lignes de surpiqûre du matelassage. Il est plus facile de tracer ces lignes avant d'assembler les épaisseurs de tissu (dessus, ouatine et dessous). Servez-vous d'un crayon qui s'efface facilement. Faites un test au préalable. Vous trouverez divers types de crayons de marquage au rayon de la mercerie. Utilisez des crayons qui s'effacent à l'air seulement si vous prévoyez finir vos sets en une session de couture.

4 Sélectionnez un point droit de 2,5 mm (10 points au pouce). Faites glisser le tissu sous le pied-de-biche, la ouatine se trouvant sur les griffes d'entraînement de la plaque à aiguille. Piquez juste sous l'ouverture, les bords des tissus étant alignés sur le **guide de ressources de couture de 1,3 cm (½ po)** (p. 19) de la plaque. Enlevez l'épingle qui indique l'ouverture avant d'abaisser le pied-de-biche.

5 Faites trois ou quatre **points arrière** (p. 19), puis piquez vers l'avant jusqu'au premier coin. Arrêtez la machine en vous assurant que l'aiguille est complètement descendue, exactement sur le point marqué à l'étape 2.

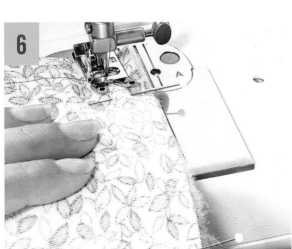

6 Relevez le pied-de-biche et tournez le tissu de sorte que le côté suivant du rectangle s'aligne sur le guide de ressources de couture de 1,3 cm (½ po). Abaissez le pied-de-biche et continuez de piquer tout autour du rectangle en faisant faire un **PIVOT** au tissu à chaque coin. Finissez votre piqûre à l'autre extrémité de l'ouverture en faisant trois ou quatre points arrière.

SUITE À LA PAGE SUIVANTE

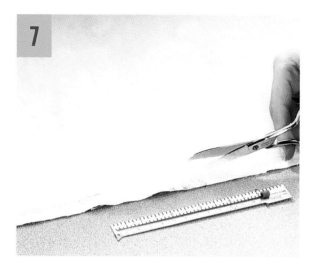

7 *Retirez le tissu de la machine* (p. 121) et coupez les fils près du tissu. Repassez les coutures sans les ouvrir pour faire entrer les points dans le tissu. Dégarnissez les ressources de couture de la ouatine jusque près de la piqûre. À l'ouverture, dégarnissez la ouatine à 1,3 cm (½ po) du bord. *Crantez les ressources de couture en diagonale à chaque coin* (p. 139), en coupant à 3 mm (⅛ po) des points.

8 *Rabattez la ressource de couture du dessous vers l'intérieur du rectangle* et repassez-la en appuyant légèrement la pointe du fer dans la couture. À l'ouverture, rabattez les ressources de couture sur 1,3 cm (½ po).

9 Retournez le rectangle. Rabattez la ressource de couture de l'ouverture du dessus vers le rectangle et repassez-la. Passez la main dans l'ouverture, attrapez et sortez les coins un à un. Servez-vous d'un safran (p. 33) ou d'un instrument similaire pour pousser le tissu à chaque angle et former des *coins parfaits* (p. 129).

10 Repassez le rectangle en maintenant la couture bien au bord. Fermez l'ouverture à l'aide d'épingles en alignant ses bords repliés et en insérant les épingles perpendiculairement aux bords. *Faites une surpiqûre près du bord* (p. 165) tout autour du rectangle. Faites pivoter le tissu à chaque coin. Piquez par-dessus vos points aux deux extrémités de la couture.

11 **Faufilez** les trois épaisseurs de tissu à l'aide de petites épingles à nourrice, en partant du centre et en allant vers les côtés. Positionnez-les tous les 10 cm (4 po) et entre les lignes de matelassage afin qu'elles n'accrochent pas le pied-de-biche quand vous surpiquez.

12 Installez le pied à galets, si vous en avez un, ou bien servez-vous d'un pied tout usage. Faites glissez le tissu sous le pied-de-biche et alignez l'aiguille sur le début d'une ligne de surpiqûre près du centre du rectangle. Baissez le pied-de-biche, faites tourner le volant avec la main droite pour faire un point et ensuite arrêtez l'aiguille dans la position la plus haute. Relevez le pied-de-biche et tirez sur le fil de la bobine pour faire passer le fil de la canette à travers le tissu.

SUITE À LA PAGE SUIVANTE

Confection de SETS DE TABLE MATELASSÉS

SUITE

13 Sélectionnez la longueur du point à presque 0. Tirez les deux fils vers un côté sous le pied-de-biche. Abaissez le pied-de-biche, l'aiguille étant positionnée pour la faire entrer dans le tissu au bord du rectangle. Piquez plusieurs petits points pour arrêter les fils au début de chaque ligne de surpiqûre.

14 Augmentez la longueur du point à 2,5 mm (10 points au pouce). Piquez sur la ligne d'un bord à l'autre du rectangle, en ralentissant quand vous approchez de l'autre extrémité. Juste avant d'arriver au bord du rectangle, arrêtez et raccourcissez le point à presque 0. Faites quelques points pour arrêter les fils et retirez le tissu de la machine.

CONSEIL Gardez vos deux mains sur le tissu comme indiqué à l'illustration 14 pour que la piqûre soit régulière et droite. Mais ne tirez ni ne poussez sur le tissu. Si vous n'avez pas de pied à galets, vous pourriez aplatir le tissu avec vos doigts devant le pied-de-biche.

15 Suivez les étapes 12 à 14 pour surpiquer sur chaque ligne, toujours en partant du centre et en allant vers les côtés. Piquez toujours dans la même direction pour empêcher que des plis diagonaux ne se forment entre les lignes. Une fois toutes les surpiqûres faites, coupez les fils et enlevez les épingles à nourrice.

CONSEIL Passez les sets de table à la vapeur pour faire gonfler la ouatine. Ne laissez pas le fer à repasser toucher le tissu pendant cette opération.

ALLONS-Y !

1 Enlevez les **LISIÈRES**. Taillez six carrés en suivant parfaitement le droit fil (p. 38). Tirez des fils dans la **TRAME** et la **CHAÎNE** pour marquer les lignes de coupe, si c'est possible (p. 43). Pour utiliser votre tissu le plus efficacement possible, divisez la largeur de 115, 122 ou 137 cm (45, 48 ou 54 po) du tissu en trois parties égales. Si votre tissu fait 152,5 cm (60 po) de large, divisez-le en quatre parties égales de 38 cm (15 po) ou en trois parties égales de 51 cm (20 po). Vous aurez soit 8 serviettes, soit 6 serviettes.

2 Sélectionnez un point zigzag étroit de 2 mm (12 points au pouce) de long. Piquez à 1,3 cm (½ po) du bord tout autour de chaque serviette, en faisant faire un **PIVOT** à 1,3 cm (½ po) de chaque coin.

3 Effrangez tous les bords en tirant sur les fils jusqu'à la surpiqûre.

!

AUSSITÔT DIT, AUSSITÔT FAIT !

Quoi de plus simple à réaliser ! Et pensez aux économies que vous avez réalisées !

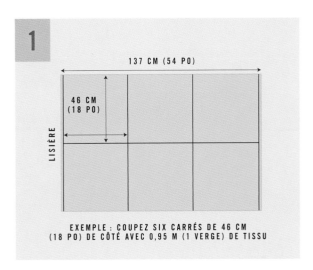

EXEMPLE : COUPEZ SIX CARRÉS DE 46 CM (18 PO) DE CÔTÉ AVEC 0,95 M (1 VERGE) DE TISSU

137 CM (54 PO)

46 CM (18 PO)

LISIÈRE

Autres CHEMINS DE TABLE et SETS DE TABLE

Faites des sets de table avec du tissu à carreaux. Pour finir le matelassage, piquez sur les lignes des carreaux. Pour confectionner des serviettes assorties, suivez les directives données pour la nappe rectangulaire (p. 163) et faites un ourlet à double rentré de 6 mm (¼ po), (p. 99).

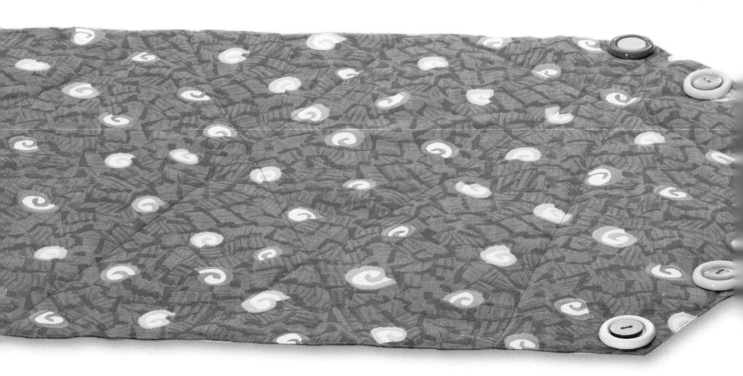

Servez-vous d'une assiette pour arrondir les coins d'un set de table ou d'un chemin de table, ce qui leur donnera une allure ovale. Ne mettez pas de ouatine entre les épaisseurs, seulement un passepoil au bord. Rappelez-vous de faire boire le passepoil dans les arrondis.

Confectionnez des sets de table octogonaux. Faites un patron rectangulaire en papier. Coupez-en les angles en diagonale à 9 cm (3 ½ po) des coins. Tracez des lignes de surpiqûre parallèles à la diagonale des coins pour faire écho aux angles.

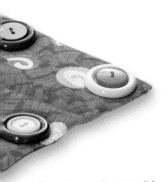

Ne mettez pas de passepoil à un chemin de table. À la place, ajoutez de la ouatine entre ses épaisseurs et faites des surpiqûres en diagonale à intervalles réguliers. Cousez des boutons colorés le long de ses pointes.

A

B

STORE « bateau »

Un store « bateau » est un habillage de fenêtre économique, fait sur mesure, qui tamise la lumière et procure de l'intimité. Le modèle proposé ici comporte une **DOUBLURE** pour donner plus de corps au store, empêcher le tissu de se décolorer et lui donner une allure plus uniforme de l'extérieur. Monté sur une baguette de bois, le store peut faire l'objet d'un **MONTAGE INTÉRIEUR (A)** puisqu'on le fixe au cadre supérieur de la fenêtre. Dans le cas d'un **MONTAGE EXTÉRIEUR (B)**, le store sera fixé sur le mur au moins 2,5 cm (1 po) au-dessus du cadre. Choisissez un tissu d'ameublement robuste et rigide pour que le store garde son air flambant neuf. Les instructions données ici conviennent à un store dont la largeur et d'au moins 5 cm (2 po) de moins que la largeur du tissu.

Confection d'un STORE « BATEAU »

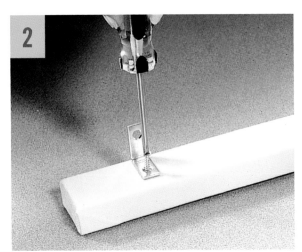

ALLONS-Y !

CONSEIL La baguette de bois, les vis à anneaux, les cornières, les taquets et les tirettes peuvent s'acheter chez le quincaillier. Si vous n'avez pas les outils nécessaires, demandez au quincaillier de vous couper la baguette et la tige de métal aux dimensions que vous désirez.

1 Mesurez la largeur du cadre de fenêtre. Pour un montage extérieur, taillez la baguette 5 cm (2 po) de plus que la largeur du cadre extérieur de la fenêtre (moulures). Pour un montage intérieur, taillez la baguette 1,3 cm (½ po) de moins que la largeur du cadre intérieur de la fenêtre. Taillez un morceau de tissu pour recouvrir cette baguette, qui aura 1,3 cm (½ po) de plus large, que la circonférence de la baguette et 5 cm (2 po) de plus long. Centrez la baguette sur le tissu, repliez le tissu aux extrémités et fixez-le avec de la colle. Ensuite, enroulez la baguette dans le tissu, en faisant chevaucher le tissu au centre et en repliant l'excès de tissu aux extrémités. Fixez avec de la colle et laissez-la sécher. Passez à l'étape 4 si vous installez le store à l'intérieur du cadre de fenêtre.

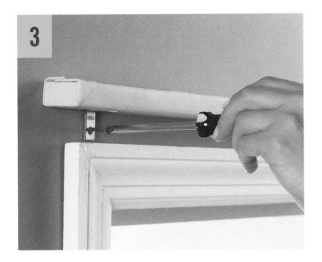

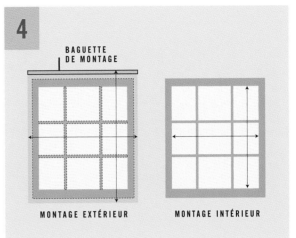

BAGUETTE DE MONTAGE

MONTAGE EXTÉRIEUR   MONTAGE INTÉRIEUR

2 Posez une cornière de 2,5 cm (1 po) du côté où il n'y a pas chevauchement de tissu, environ à 5 cm (2 po) de chaque extrémité de la baguette. Faites des marques pour les vis et, à l'aide d'une perceuse électrique et d'une mèche adéquate, préparez les trous pour les vis. Vissez les cornières à la baguette.

3 Tenez la baguette au-dessus du cadre de fenêtre en vous assurant qu'elle est de niveau et centrée. Faites les marques des trous des cornières sur le mur. Fixez la baguette au mur en vous servant de vis à tête plate de 3,8 cm (1 ½ po). Si les cornières ne se trouvent pas vis-à-vis des poteaux muraux, utilisez des écrous papillon ou des chevilles de plastique.

4 Déterminez la **LONGUEUR FINIE** du store. Pour un montage extérieur, mesurez du haut de la baguette jusqu'au rebord de la fenêtre ou 1,3 cm (½ po) en dessous. Pour un montage intérieur, mesurez la distance entre le haut et le bas du cadre (rebord). La **LARGEUR FINIE** du store correspond à la longueur de la baguette de montage, *plus 6 mm (¼ po).*

ANNOTATION ÉCLAIR

Plus 6 mm (¼ po). En prévoyant un store légèrement plus large que la baguette de montage, vous êtes certain de couvrir entièrement cette dernière. Par ailleurs, il se perd toujours un peu de largeur et de longueur quand on repasse et qu'on pique le tissu.

SUITE À LA PAGE SUIVANTE

Confection d'un STORE « BATEAU »

SUITE

5 Déterminez la **LONGUEUR** et la **LARGEUR** en vous servant du calcul ci-contre. (Nous avons utilisé ces mesures pour le store « bateau » de la page 186. Vos chiffres différeront probablement.) Coupez le tissu pour le store. Ne vous servez pas des **LISIÈRES** comme bords. Pour la doublure, coupez le tissu de la même largeur finie que le tissu du store et, pour la longueur, ajoutez 9 cm (3 ½ po) à la longueur finie. Pour la coupe, suivez les instructions de coupe données aux pages 42 et 43.

6 Sur les côtés du store, rabattez 2,5 cm (1 po) sur l'envers du tissu et **REPASSEZ.** Coupez des bandes de ruban thermocollant correspondant aux deux longueurs de côté. Ouvrez le rentré que vous venez de repasser et disposez les bandes près des bords du tissu. Passez le fer chaud sur les bandes pour les coller dans les ressources de couture, en suivant les recommandations du fabricant.

CONSEIL Utilisez une pattemouille (p. 31) pour éviter que la colle du ruban adhésif ne vienne abîmer la semelle de votre fer à repasser.

7 Posez la doublure sur le tissu du store envers contre envers, le bas de la doublure se trouvant 9 cm (7 po) au-dessus du bas du tissu du store. Glissez la doublure sous les rentrés des

5	Largeur finie	115 cm	(45 po)
	Ajoutez 5 cm (2 po) pour les ourlets de côté	+ 5 cm	(2 po)
	pour trouver la largeur à couper	= 120 cm	(47 po)
	Longueur finie	127 cm	(50 po)
	Ajoutez 18 cm (7 po) pour l'ourlet et le montage	+ 18 cm	(7 po)
	pour trouver la longueur à couper	=144,5 cm	(57 po)

côtés du store. Enlevez les bandes de papier protecteur du ruban adhésif et repassez les ourlets pour coller les deux tissus ensemble.

8 Faites un rentré de 1,3 cm (½ po) dans le bas du store et repassez-le. Ensuite faites un autre rentré de 7,5 cm (3 po) pour faire l'ourlet et repassez-le. (La seconde pliure devrait être alignée sur le bas de la doublure). Épinglez l'ourlet en plaçant les épingles perpendiculairement au rentré.

9 *Faites une surpiqûre près du bord* (p. 165) du rentré de l'ourlet, en faisant quelques *points arrière* (p. 19) aux deux extrémités et en *enlevant les épingles à mesure que vous vous en approchez.* Repassez le store légèrement.

10 Du côté de la doublure, tracez une ligne dans le sens de la largeur dans la partie supérieure du store indiquant la longueur finie. Tracez une seconde ligne 3,8 cm (1 ½ po) au-dessus de cette ligne, qui correspond à la saillie de la baguette de montage. Coupez l'excès de tissu le long de cette ligne. Épinglez les deux tissus ensemble et faites un **SURJET** avec un point zigzag large (p. 21).

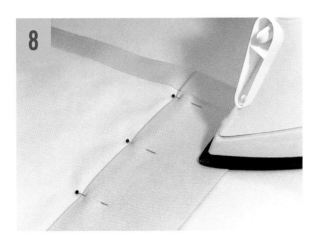

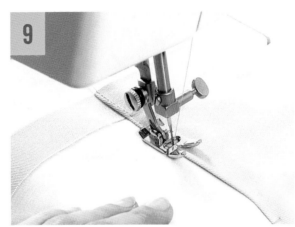

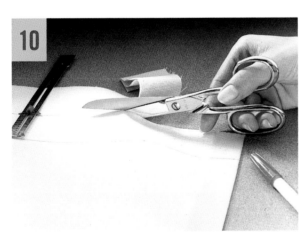

ANNOTATION ÉCLAIR

Saillie de la baguette de montage. La largeur réelle d'une baguette de 1 X 2 est en fait de 3,8 cm (1 ½ po). C'est la distance qui séparera le mur de l'avant de la baguette (et du store) dans le cas d'un montage extérieur.

SUITE À LA PAGE SUIVANTE

Confection d'un **STORE** « **BATEAU** »

11 Reproduisez l'arrière du store sur le papier millimétré, en indiquant la longueur et la largeur finies. En suivant les calculs indiqués ci-contre, vous trouvez l'emplacement des anneaux. (Nous avons utilisé ces chiffres pour le store proposé à la page 186. Vos chiffres différeront probablement.) Indiquez l'ourlet à 7,5 cm (3 po) du bas. Calculez *l'emplacement des anneaux* en colonnes verticales espacées de 20,5 cm à 30,5 cm (8 à 12 po), les colonnes aux extrémités se trouvant à 2 cm (¾ po) des bords ; des rangées horizontales espacées de 12,5 cm à 20,5 cm (5 à 8 po) s'alignent sur ces points. La rangée du bas se trouve en haut de l'ourlet et la rangée du haut, sur la ligne tracée à l'étape 10.

12 Marquez les emplacements des anneaux sur la doublure en suivant votre papier millimétré. La rangée du bas se trouve juste au-dessus de l'ourlet. La rangée supérieure suit une ligne déterminée à partir de la ligne tracée à l'étape 10. Il n'y a aucun anneau sur la ligne du haut. Épinglez horizontalement les deux épaisseurs de tissu à chaque emplacement.

13 Enfilez une aiguille en gardant votre fil double. Fixez chaque anneau avec 4 ou 5 petits points qui prennent les deux épaisseurs de tissu. Renforcez tous les anneaux de la rangée du bas avec des points supplémentaires parce qu'ils supportent tout le poids du store.

14 Glissez la tige métallique aplatie dans la *coulisse formée par l'ourlet.* Fermez les côtés de l'ourlet au point coulé (p. 22).

11

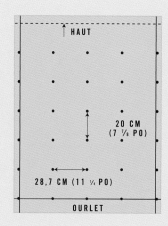

↑ HAUT

20 CM
(7 ⅛ PO)

28,7 CM (11 ¼ PO)

OURLET

Largeur finie du store :	115 cm (45 po)
divisée par 30,5 cm (12 po)	÷ 30,5 cm (12 po)
arrondi au chiffre entier le plus proche	= 9,5 cm (3 ¾ po)
pour trouver le nombre d'espacements verticaux	4

Divisez la largeur finie	115 cm (45 po)
par le nombre d'espacements	÷ 4
pour trouver la distance entre les colonnes	= 28,7 cm (11 ¼ po)

Longueur du store du haut à l'ourlet :	120 cm (47 po)
divisée par 20,5 cm (8 po)	÷ 20,5 cm (8 po)
arrondi au chiffre entier le plus proche	= 15 cm (6 po)
pour trouver le nombre d'espacements horizontaux	6

Divisez la longueur	120 cm (47 po)
par le nombre d'espacements	÷ 6
pour trouver la distance entre les rangées horizontales	= 20 cm (7 ⅛ po)

12

ANNOTATION ÉCLAIR

Emplacements des anneaux. Grâce à ce système d'anneaux espacés régulièrement dans lesquels des cordelettes sont enfilées, on peut relever et abaisser le store. Lorsque les anneaux sont espacés en colonnes et rangées égales, le store forme des plis à intervalles réguliers quand on tire sur les cordelettes.

Coulisse formée par l'ourlet. En faisant l'ourlet au bas du store, il reste une ouverture de 7,5 cm (3 po) de haut sur les côtés, formant une coulisse dans laquelle on peut glisser la tige de métal.

13

14

SUITE À LA PAGE SUIVANTE

Confection d'un STORE « BATEAU »

SUITE

15 Enlevez les cornières de la baguette de montage si vous faites un montage extérieur. Agrafez le store au haut de la baguette en alignant la ligne tracée sur le store sur le bord avant supérieur de la baguette.

16 À l'arrière de la baguette, percez légèrement des trous et posez ensuite les vis à anneaux que vous alignez sur les colonnes d'anneaux.

17 Du côté où vous désirez voir les cordelettes pendre, faites passer la cordelette par les anneaux de la première colonne d'anneaux, la vis à anneau en haut de la baguette et ***redescendez à mi-chemin sur le côté.*** Coupez la cordelette et faites un nœud d'arrêt à l'anneau du bas. Procédez de même pour chaque colonne en faisant passer toutes les cordelettes dans les vis à anneau précédentes. Mettez un peu de colle sur les nœuds pour les fixer.

18 Dans le cas d'un montage intérieur, fixez la baguette directement au cadre supérieur de la fenêtre en insérant les vis dans des trous préalablement percés. Dans le cas d'un montage extérieur, remontez les cornières sur la baguette et installez cette dernière au mur au-dessus de la fenêtre. Ajustez les cordelettes lorsque le store est baissé afin que leur tension soit identique. Nouez les cordelettes juste en dessous de la première vis à anneau. Tressez-les, faites-les passer dans une tirette, si vous le désirez, et nouez leurs extrémités.

19 Installez un taquet près du cadre de la fenêtre ou sur le mur. En tirant délicatement sur les cordelettes pour faire remonter le store, ***des plis réguliers se formeront.*** Enroulez les cordelettes sur le taquet pour maintenir le store en position élevée.

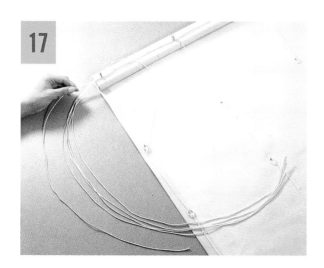

17

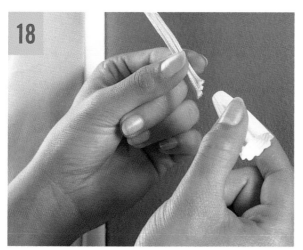

18

19

ANNOTATION ÉCLAIR

À mi-chemin sur le côté. Travaillez sur une colonne à la fois et ne coupez la cordelette que lorsque vous l'avez fait passer dans les anneaux et vis à anneau, et que vous avez déterminé la longueur additionnelle voulue pour relever et abaisser le store. Cette longueur additionnelle dépendra de l'emplacement de la fenêtre et de votre choix de rendre la cordelette accessible aux enfants ou pas.

Plis réguliers. La première fois que vous relèverez le store, vous devrez peut-être marquer un peu les plis pour qu'ils retrouvent leur position chaque fois que vous le soulèverez. Quand vous remontez le store, tirez le tissu entre les rangées horizontales vers l'avant pour former les plis. Pour que votre store « mémorise » les plis, laissez-le en position relevée pendant un jour ou deux.

FÉLICITATIONS !

Vous avez réalisé un store « bateau » qui s'ajuste parfaitement à votre fenêtre. Il y a de quoi être fier !

Rideau-lambrequin en DENTELLE

Pour réaliser cet article de décoration intérieure qui a beaucoup d'allure, la confection est minime. Le secret est de bien choisir le tissu. De nombreuses dentelles, dont les largeurs varient de 122 cm à 152,5 cm (48 po à 60 po), comportent des **LISIÈRES** décoratives. À une certaine distance, la plupart des dentelles semblent être réversibles et, dans certains cas, vous pouvez tirer avantage de ce fait. Mais, en général, l'endroit de la dentelle est plus texturé et comporte des parties brodées surélevées. L'envers est donc plus plat et moins intéressant. Si vous ne savez distinguer l'endroit de l'envers, demandez à une vendeuse de les identifier. Faites une marque sur l'endroit.

Vous emploierez toute la largeur du tissu pour faire le lambrequin, que vous draperez dans le sens de la **CHAÎNE** autour de la fenêtre grâce à une tringle. Vu que les lisières des dentelles sont déjà finies, il vous suffira pour réaliser ce drapé de faire un ourlet à chaque extrémité du panneau. L'effet produit provient de la façon dont la dentelle est drapée sur la tringle.

CE QUE VOUS ALLEZ APPRENDRE

Comment mesurer une fenêtre pour réaliser un rideau-lambrequin

Comment faire des ourlets à double rentré (p. 99)

Combien il est facile de réaliser un agencement décoratif de fenêtre

CE DONT VOUS AUREZ BESOIN

Dentelle ; métrage déterminé à l'étape 1.

Fil de couleur assortie

Tringle de rideau décorative de votre choix d'une longueur convenant à la largeur de votre fenêtre

Outils et articles de quincaillerie pour installer la tringle

Confection d'un RIDEAU LAMBREQUIN en DENTELLE

ALLONS-Y !

1 Installez la tringle au-dessus du cadre de fenêtre, les supports se trouvant juste à l'extérieur des moulures du cadre. Pour déterminer la longueur de tissu nécessaire, drapez une cordelette sur la tringle de la façon dont vous désirez le faire avec la dentelle. Coupez un panneau de dentelle de cette longueur en suivant les instructions de coupe à la page 42.

2 *Rabattez* 2,5 cm (1 po) de tissu sur l'envers du tissu à chaque extrémité et *repassez.*

3 Dépliez ce rabat et repliez le tissu en alignant le bord vif sur la pliure. Repassez.

💡

ANNOTATION ÉCLAIR

Rabattez et repassez. Posez le tissu à plat, l'endroit se trouvant sur la planche à repasser. Rabattez le bord sur l'envers, mesurez et repassez. Assurez-vous que la largeur du rabat est uniforme d'un bout à l'autre.

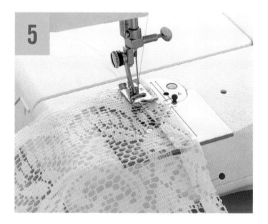

4 Repliez la première pliure. Le bord vif du tissu sera ainsi pris dans un ourlet à double rentré de 1,3 cm (½ po). Épinglez l'ourlet en ***insérant les épingles perpendiculairement aux rentrés*** (p. 19).

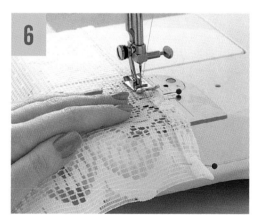

5 Glissez l'ourlet épinglé sous le pied-de-biche, l'envers sur le dessus. La masse de tissu se trouve à gauche de la machine. Alignez la lisière sur l'arrière du pied-de-biche et faites entrer l'aiguille dans le tissu juste au bord de la pliure du rentré.

6 Faites quelques ***points arrière*** (p. 19) *jusqu'au bord de la lisière*, puis piquez jusqu'à l'autre lisière. ***Enlevez les épingles à mesure que vous vous en approchez*** (p. 19). Arrêtez de piquer à l'autre lisière et faites quelques points arrière sur environ 1,3 cm (½ po).

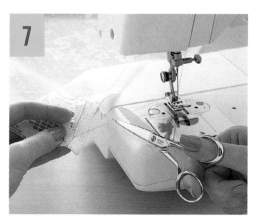

7 Relevez le pied-de-biche et ***retirez le tissu de la machine*** (p. 121).

SUITE À LA PAGE SUIVANTE

Confection d'un RIDEAU LAMBREQUIN en DENTELLE

8 Drapez le panneau de dentelle sur la tringle, tel qu'illustré à la page 196 en positionnant l'ourlet où vous le désirez. Marquez l'extrémité non finie à l'endroit où vous désirez faire l'ourlet.

9 Enlevez le panneau de dentelle de la tringle. Rajoutez 2,5 cm (1 po) à la marque que vous avez déterminée pour l'ourlet et coupez l'excès de tissu. Faites un ourlet à double rentré comme indiqué aux étapes 2 à 7.

10 Pliez le panneau en éventail en plis souples de largeur égale. Attachez le tissu plié en éventail à intervalles réguliers en vous servant de ruban ou de galon. Drapez le tissu sur la tringle et arrangez les plis tels qu'illustrés à la page 196.

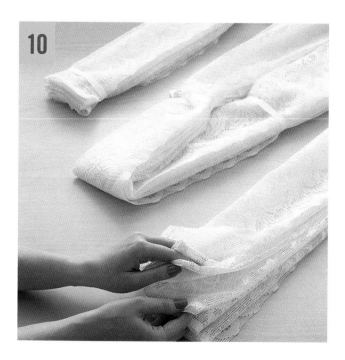

VARIANTES

Les étapes de base de confection de ces divers habillages de fenêtre sont les mêmes que pour le rideau-lambrequin. Employez des tissus légers ou transparents réversibles qui comportent des lisières étroites et bien nettes. Drapez le panneau de tissu autour d'une tringle décorative ou autour de crochets fantaisie. Prévoyez un supplément de tissu de 38 à 51 cm (15 à 20 po) pour chaque « mare » de tissu au sol.

Disposez plusieurs rideaux-lambrequins sur la tringle, tous pliés en éventail. Tirez doucement sur les plis pour les arranger à votre goût Ensuite, fixez-les à l'aide de ruban adhésif à deux faces.

Des supports à étagères de fantaisie peuvent servir à accrocher des rideaux-lambrequins. En ajoutant une cordelière ornée de pompons, vous donnerez du style à votre fenêtre.

RIDEAU à coulisse

De nombreux rideaux pendent à partir d'une tringle qui a été glissée dans une coulisse se trouvant à leur extrémité supérieure. Leur style varie selon la tringle employée, la hauteur de la **TÊTE** du rideau, la longueur et **L'AMPLEUR** du rideau. Le style est aussi déterminé par la façon dont le rideau est disposé une fois qu'il est monté devant la fenêtre. On peut également ajouter des accessoires, comme des bordures décoratives ou des embrasses, qui donnent un fini élégant.

CE QUE VOUS ALLEZ APPRENDRE

Comment déterminer le métrage nécessaire pour réaliser un rideau à coulisse

Les étapes de base pour réaliser un rideau à coulisse

Il existe de nombreux styles de rideau à coulisse : vous en trouverez sûrement un qui vous plaît.

CE DONT VOUS AUREZ BESOIN

Tissu (métrage déterminé en vous servant des calculs présentés au diagramme de la page 204).

Fil de couleur assortie

Tringle ou barre à rideau

Plombs (p. 216) si vous cousez les rideaux

Pour l'instant, nous nous limiterons à une cantonnière montée sur une tringle. Le schéma ci-dessous indique que cette cantonnière est en réalité un rectangle de tissu. Les côtés et le bas de ce rectangle sont finis avec un *ourlet à double rentré* (p. 99). Le haut est rabattu vers l'arrière et piqué deux fois. La tête, qui va de la pliure du rabat à la piqûre supérieure, forme un volant une fois la cantonnière montée. La partie se trouvant entre les deux lignes de piqûre s'appelle **COULISSE**. Conçu pour avoir une ampleur double, le rectangle est deux fois plus large que la **LARGEUR FINIE** désirée. Il faut donc prévoir deux largeurs de tissu, dont une est centrée au milieu de la cantonnière et l'autre est coupée en deux morceaux, qui sont cousus de chaque côté du panneau central. Ceci élimine la présence disgracieuse d'une couture en plein milieu du panneau.

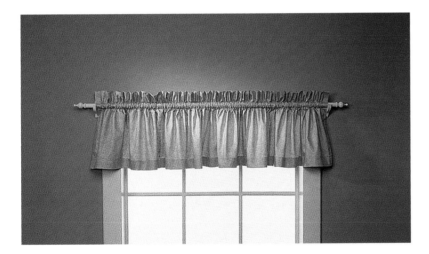

Pour déterminer la largeur de la coulisse **(A)**, il faut mesurer la partie la plus large de la tringle. Dans certains cas, il faudra peut-être mesurer un coude. Ajoutez 1,3 cm (½ po) à cette mesure pour l'**AISANCE** et divisez par 2. Cette mesure correspond à la distance entre les deux lignes de piqûre.

La hauteur de la tête **(B)** peut être modifiée selon votre goût et être très courte 1,3 cm (½ po) ou très haute 10 cm (4 po). Parfois, la tête de la cantonnière est excessivement longue afin qu'elle retombe par-dessus le rideau et forme une cantonnière intégrée (p. 211) à même le rideau à coulisse.

1

Longueur finie, mesurée du bas de la coulisse *au bas du rideau*		30,5 cm (12 po)
Ajoutez la largeur totale d'ourlet	+	10 cm (4 po)
Ajoutez la largeur de la coulisse deux fois	+	4,5 cm (1 ¾ po)
	+	4,5 cm (1 ¾ po)
Ajoutez la hauteur de la tête deux fois	+	6,5 cm (2 ½ po)
	+	6,5 cm (2 ½ po)
Ajoutez 1,3 cm (½ po) pour rabattre le bas de la coulisse	+	1,3 cm (½ po)
Ajoutez 1,3 cm (½ po) pour l'aisance	+	1,3 cm (½ po)
pour trouver la **LONGUEUR À COUPER** de chaque morceau	=	*64,8 cm (25 ½ po)
Multipliez la largeur de la fenêtre		91,5 cm (36 po)
par l'ampleur désirée	×	2 ½
pour trouver la largeur finie	=	229 cm (90 po)
Ajoutez la valeur totale des ourlets des côtés deux fois	+	5 cm (2 po)
	+	5 cm (2 po)
pour trouver la **LARGEUR TOTALE À COUPER**	=	239 cm (94 po)
Divisez la largeur totale à couper par la largeur du tissu	÷	137 cm (54 po)
Arrondissez ce chiffre au chiffre entier supérieur		
le plus proche	=	1,74
pour trouver le nombre de largeurs de tissu à acheter		2
Multipliez ce chiffre par la longueur à couper	×	64,8 cm (25 ½ po)
pour trouver le métrage de tissu à acheter	=	129,5 cm (51 po)

Étant donné que les tissus sont vendus au mètre (à la verge) ou à la fraction de mètre (de verge), il vaut mieux acheter le métrage de tissu au-dessus de celui que vous avez calculé. Si vous achetez un tissu avec une **RÉPÉTITION DU MOTIF**, effectuez les calculs ci-dessus jusqu'à ce que vous ayez déterminé la longueur à couper*. Vous devez arrondir la longueur à couper réelle au chiffre supérieur qui pourra se diviser de façon égale par la répétition du motif. Par exemple, si le motif se répète tous les 38 cm (15 po), votre longueur à couper devrait être de 76 cm (30 po) et non pas de 64,8 cm (25 ½ po), étant donné que 76 cm (30 po) peut se diviser par 38 (15). Continuez vos calculs en utilisant la mesure corrigée de la longueur à couper.

ALLONS-Y !

1 Mesurez la fenêtre et, à l'aide des calculs ci-contre, déterminez la longueur de tissu dont vous avez besoin pour confectionner votre cantonnière ou votre rideau. (Ce sont les mesures dont nous nous sommes servi pour la cantonnière de la page 203. Vos chiffres seront probablement différents).

2 Faites subir un **PRÉ-RÉTRÉCISSEMENT** à votre tissu (p. 41). Reportez vos mesures sur le tissu et marquez les lignes de coupe en laissant de côté les **LISIÈRES**. Coupez les morceaux en suivant les instructions de coupe de la page 42. Si vous n'avez pas de raccord à faire (p. 44), enlevez les lisières en coupant le tissu juste en avant de la partie au tissage serré.

3 Épinglez deux morceaux le long des côtés verticaux en *insérant les épingles perpendiculairement aux bords* (p. 19). Si nécessaire, faites les raccords de motif en suivant les instructions données à la page 44. Faites une **COUTURE** de 1,3 cm (½ po), avec quelques *points arrière* (p. 19) sur 1,3 cm (½ po) aux deux extrémités. *Enlevez les épingles à mesure que vous vous en approchez* (p. 19).

ANNOTATION ÉCLAIR

Longueur finie. Les cantonnières sont non seulement décoratives, mais pratiques vu qu'elles coiffent la fenêtre et cachent toute la quincaillerie. Il est généralement recommandé d'observer une longueur de cantonnière équivalente à un cinquième de la distance totale entre le haut de la fenêtre et le sol. Bien entendu, vous pouvez faire vos cantonnières plus étroites ou plus larges, si vous le préférez. Faites un schéma à l'échelle pour avoir une idée de l'impact visuel et pour décider quoi faire.

Mesurez du bas de la coulisse. Si vous n'avez pas encore installé la tringle, ni même choisi celle-ci, prévoyez l'installer de sorte que le bas de la tringle soit aligné sur le haut du cadre de fenêtre (moulure). Vous pourrez alors prendre la mesure entre le haut du cadre (moulure) et l'endroit où vous désirez que la cantonnière ou le rideau finisse.

Arrondissez au chiffre entier supérieur le plus proche. La plupart des rideaux comportent une certaine ampleur, y compris les rideaux avec coulisse, et sont confectionnés sur la base d'une largeur et demie de tissu. Même si vos rideaux ne nécessitent que deux largeurs et demie, il vous faudra tout de même acheter trois largeurs de tissu. Le métrage nécessaire devra être calculé en arrondissant au chiffre supérieur le plus proche.

SUITE À LA PAGE SUIVANTE

Confection d'un RIDEAU À COULISSE

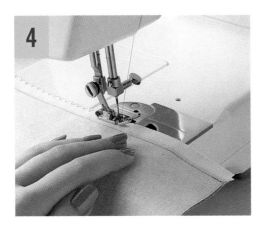

4 Faites un **SURJET** au point zigzag moyen (p. 21) en prenant les deux ressources de couture ensemble. Piquez de sorte que le mouvement de l'aiguille vers la droite passe à peine par-dessus les deux bords.

5 Répétez les étapes 3 et 4 jusqu'à ce que vous ayez assemblé tous les morceaux dans la largeur. Si vous avez des *demi-largeurs*, assemblez-les aux extrémités. **REPASSEZ** toutes les coutures vers un côté.

6 Endroit en dessous, posez la cantonnière ou le rideau sur votre planche à repasser. *Rabattez le bas du tissu sur 10 cm (4 po) et repassez* (p. 199) pour faire l'ourlet.

7 Dépliez ce rabat. Alignez le bord vif du tissu dans la pliure et repassez le nouveau pli.

8 Repliez l'ourlet. Vous obtenez ainsi un *ourlet à double rentré* (p. 99). Épinglez-le en insérant les épingles perpendiculairement aux pliures.

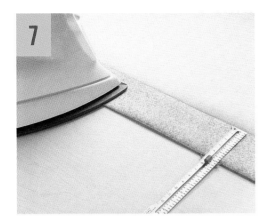

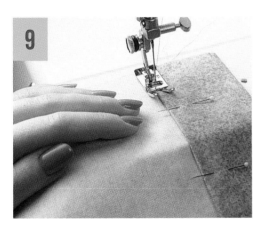

ANNOTATION ÉCLAIR

Demi-largeur. On ajoute toujours les demi-largeurs côté d'un rideau ou d'une cantonnière. L'assemblage de chaque côté du panneau central se fait avec le bord du tissu où se trouvait la lisière. (C'est la seule façon dont vous pourrez raccorder des motifs s'il y en a). Par ailleurs, les demi-largeurs vont du côté de la fenêtre se trouvant le plus près du **RETOUR.**

9 Glissez votre ourlet sous le pied-de-biche, l'envers du tissu sur le dessus. La masse de tissu se trouve à gauche de la machine. Le côté du tissu devrait être aligné sur l'arrière du pied-de-biche et l'aiguille devrait pénétrer dans le tissu juste au bord du rentré de l'ourlet.

10 Piquez l'ourlet tout le long du rentré, en faisant des points arrière sur 1,3 cm (½ po) aux deux extrémités de la piqûre. Enlevez les épingles quand vous vous en approchez.

CONSEIL En général, les ourlets à double rentré mesurent 5 cm (2 po) au total ; le rentré qui est pris dans le premier pli mesure 2,5 cm (1 po) et est rabattu une seconde fois. Les ourlets à double rentré sur les cantonnières mesurent 10 cm (4 po) au total ; le rentré qui est pris dans le premier pli mesure 5 cm (2 po) et est rabattu une seconde fois. Les ourlets à double rentré sur les rideaux et tentures mesurent 20,5 cm (8 po) au total ; le rentré qui est pris dans le premier pli mesure 10 cm (4 po) et est rabattu une seconde fois.

SUITE À LA PAGE SUIVANTE

SUITE

11 Répétez les étapes 6 à 10 pour les ourlets des côtés. Rabattez le tissu sur 5 cm (2 po) d'abord au lieu de 10 cm (4 po) et repassez.

12 Rabattez le bord supérieur vers l'envers sur 1,3 cm (½ po). Ensuite, à partir de la pliure, rabattez une seconde fois sur une largeur équivalente à la tête de rideau plus la largeur de la tringle. (Consultez le schéma des calculs). Insérez des épingles perpendiculairement à la pliure du bas.

13 Glissez votre ourlet sous le pied-de-biche, l'envers du tissu sur le dessus. La masse de tissu se trouve à gauche de la machine. Le côté du tissu devrait être aligné sur l'arrière du pied-de-biche et l'aiguille devrait pénétrer dans le tissu juste au bord du rentré de l'ourlet.

14 Piquez l'ourlet tout le long du rentré, en faisant des points arrière sur 1,3 cm (½ po) aux deux extrémités de la piqûre. Enlevez les épingles à mesure que vous vous en approchez. Cette piqûre correspond au bas de la coulisse.

15 Mesurez la hauteur de la tête (sur l'envers) à partir du repli supérieur. Marquez la ligne de piqûre à l'aide de craie ou de crayon effaçable. Épinglez fréquemment le long de cette ligne en prenant les deux épaisseurs de tissu ensemble et en plaçant les épingles perpendiculairement à la ligne.

16 Piquez le long de la ligne sur toute la largeur du tissu, en faisant quelques points arrière aux deux extrémités. Enlevez les épingles quand vous vous en approchez. Cette piqûre correspond au haut de la coulisse.

17 Repassez le rideau ou la cantonnière une dernière fois. Faites passer la tringle dans la coulisse. Installez la tringle sur les supports de fixation en suivant les instructions du fabricant. Distribuez l'ampleur également le long de la tringle.

CONSEIL **Vous pouvez fixer un petit sac de plastique (avec du ruban adhésif) sur la tringle afin qu'elle glisse plus facilement dans la coulisse.**

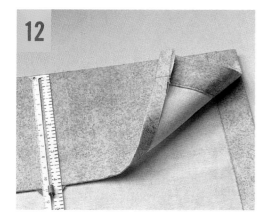

VARIANTES

En vous servant de ces instructions de base sur la confection de rideaux et cantonnières à coulisse, vous pouvez réaliser n'importe lequel des modèles présentés sur ces pages.

Ces rideaux latéraux en panneaux droits sont faits de deux largeurs de tissu et comportent une tête de 7,5 cm (3 po). Ils sont montés sur une barre de bois dont les coudes font une SAILLIE de 12,5 cm (5 po).

Les rideaux brise-bise et les cantonnières montées sur des tringles standard ont une tête de 3,8 cm (1 ½ po) et deux largeurs de tissu.

Ce rideau à panneau unique rabattu sur un côté est fait de trois largeurs de tissu. La cantonnière de 40,5 cm (16 po) est en fait la tête qui pend sur le devant de la coulisse.

Ces voilages pleine longueur sont faits avec un tissu de dentelle monté en **PANNEAUX HORIZONTAUX** (sens de la **CHAÎNE**) sur une tringle ordinaire sur deux largeurs et demie et une tête de 6,5 cm (2 ½ po).

Un rideau à panneau unique fait avec un tissu imprimé est monté sur une tringle décorative devant un rideau à panneau unique fait avec un tissu diaphane monté sur une tringle ordinaire. Les deux panneaux comportent chacun trois largeurs de tissu et sont retenus sur les côtés à des hauteurs différentes à l'aide de cordelières et d'une embrasse métallique pour créer un effet de décoration surprenant.

Rideau à ŒILLETS et à ANNEAUX

Ce rideau non doublé facile à confectionner comporte un détail stylé inattendu : des œillets. Il ne viendra assurément à l'idée de personne que c'est vous qui l'avez confectionné, car il semble demander une certaine technique. Pourtant, les œillets et les outils pour les poser se trouvent tous dans les magasins de tissus et, chose surprenante, sont faciles à poser. Vu qu'il faut faire des trous dans le rideau, il faut toujours tester la technique en premier lieu sur une chute de votre tissu ayant la même épaisseur que le rideau fini.

Employez une pleine largeur de tissu pour chacun des panneaux. Pour obtenir les meilleurs résultats possibles, choisissez du tissu léger ou moyennement épais. C'est l'occasion rêvée de mettre en évidence une tringle originale et décorative, vu que le style du rideau est relativement simple.

CE QUE VOUS ALLEZ APPRENDRE

Comment poser des œillets

Comment mettre des plombs dans un rideau (p. 216)

Comment réduire les épaisseurs de tissu

CE DONT VOUS AUREZ BESOIN

Tissu d'ameublement

Fil de couleur assortie

Œillets de 6 mm (¼ po) et outils de pose

Tringle décorative et crochets en forme de S

Plombs pour rideaux

Confection d'un rideau
à ŒILLETS et à ANNEAUX

1

LONGUEUR FINIE, mesurée de 1,3 cm (½ po) au-dessus du bas des crochets jusqu'en bas du rideau.		122 cm (48 po)
Ajoutez la valeur totale de l'ourlet du bas	+	20,5 cm (8 po)
Ajoutez 7,5 cm (3 po) pour la valeur totale de l'ourlet du haut pour trouver la **LONGUEUR À COUPER** de chaque panneau	+	7,5 cm (3 po)
	=	149,8 cm (59 po)
Si vous habillez votre fenêtre de deux panneaux, multipliez la longueur à couper de chaque pièce de tissu par 2		149,8 cm (59 po)
	×	2
pour trouver le métrage de tissu à acheter	=	3 m (118 po ou 3 verges 10 po)

Achetez un métrage arrondi au chiffre supérieur le plus grand possible. Par exemple, si vous achetez un tissu avec une **RÉPÉTITION DU MOTIF,** faites vos calculs à l'aide de ce tableau jusqu'à ce que vous ayez trouvé la longueur à couper (149,8 cm ou 59 po). Cette longueur doit être arrondie au chiffre supérieur suivant, divisible également par le nombre de répétitions du motif. Continuez avec le calcul en vous servant de cette mesure révisée.

ALLONS-Y !

1 Installez la tringle au mur de sorte que le bas des crochets se trouve au-dessus du cadre de fenêtre. Calculez la longueur de tissu nécessaire pour vos rideaux en vous servant des calculs proposés ci-contre. (Nous avons utilisé ces chiffres pour le rideau de la page 212. Vos chiffres seront probablement différents.)

2 Assurez un **PRÉ-RÉTRÉCISSEMENT** au tissu (p. 41). Reportez les mesures sur le tissu et marquez chaque ligne de coupe à la craie le long de la **LISIÈRE**. Taillez les panneaux en suivant les instructions de coupe de la page 42. Éliminez les lisières en coupant juste avant la partie tissée serrée.

3 Posez le panneau sur votre planche à repasser, envers en dessous. *Rabattez et repassez* (p. 199) 20,5 cm (8 po) de tissu au bas du panneau pour faire l'ourlet. Dépliez ce rabat. Repliez le bord vif du tissu dans le pli et repassez.

4 Repliez le premier pli. Le bord du tissu se trouve pris dans le rentré et nous avons maintenant un ***ourlet à double rentré de 10 cm (4 po)*** (p. 99). Épinglez l'ourlet en ***insérant les épingles perpendiculairement au rentré*** (p. 19).

5 Glissez l'ourlet sous le pied-de-biche, l'envers du tissu étant sur le dessus. La masse du tissu se trouve à gauche de la machine. Le bord du tissu devrait être aligné sur l'arrière du pied-de-biche et l'aiguille devrait pénétrer dans le tissu aussi près que possible de la pliure.

6 Piquez le long de la pliure de l'ourlet, en faisant quelques ***points arrière*** (p. 19) aux deux extrémités. ***Enlevez les épingles à mesure que vous vous en approchez*** (p. 19).

SUITE À LA PAGE SUIVANTE

Confection d'un rideau

à ŒILLETS et à ANNEAUX

SUITE

7 Répétez les étapes 3 à 6 pour faire les ourlets de côté en rabattant d'abord 7,5 cm (3 po) au lieu de 20,5 cm (8 po). *Glissez les plombs* entre les épaisseurs de tissu de l'ourlet du bas avant de faire le deuxième rentré de côté.

CONSEIL Lorsque vous piquez près du plomb, il est probable que la moitié du pied-de-biche passe par-dessus ce dernier. Mettez un second plomb sous l'autre côté du pied-de-biche pour que vous puissiez mieux guider le tissu et faire des points égaux.

8 Répétez l'étape 3 pour l'ourlet du haut en rabattant 7,5 cm (3 po) de tissu au lieu de 20,5 cm (8 po). Dépliez le tissu dans les coins. *Coupez l'excès de tissu* dans l'épaisseur intérieure, comme indiqué, à 1 cm (⅜ po) de la pliure.

9 Repliez le tissu et épinglez-le. Piquez le long de la pliure, en faisant quelques points arrière aux deux extrémités. Enlevez les épingles à mesure que vous vous en approchez.

10 Marquez l'emplacement des œillets le long de l'ourlet du haut en commençant par les marques des extrémités, à 2 cm (¾ po) des bords latéraux. Espacez les autres marques régulièrement de 15 à 25,5 cm (6 à 10 po).

CONSEIL Plus les œillets sont rapprochés, plus le haut du rideau sera soutenu et le bas, égal. Lorsque les œillets sont espacés, le haut du rideau s'affaisse légèrement entre les œillets et l'ourlet a tendance à pendre à certains endroits. Pour trouver l'allure de rideau que vous préférez, accrochez votre panneau avec des épingles à nourrice que vous épinglerez à diverses distances.

11 Lisez les instructions du fabricant pour poser les œillets et faites un test sur un échantillon. Posez les œillets à l'endroit où vous avez fait les marques, en les centrant entre le rabat et la ligne de piqûre de l'ourlet.

12 Enfilez des crochets décoratifs en forme de S dans les œillets et accrochez votre rideau sur la tringle. Distribuez l'ampleur du tissu également entre les crochets, à votre goût.

ANNOTATION ÉCLAIR

Glissez des plombs entre les épaisseurs. Les plombs font mieux tomber vos rideaux sur les côtés, puisque leur poids tire en douceur de façon permanente sur les ourlets de côté. Quand on les glisse entre les épaisseurs de l'ourlet du bas, ils se trouvent « emprisonnés » une fois que vous piquez l'ourlet de côté. Vu qu'ils sont faits de métal, il faut éviter de piquer par-dessus.

Coupez l'excès de tissu. En éliminant une partie de l'épaisseur du tissu à cet endroit, il sera plus facile de poser les œillets aux extrémités. L'emporte-pièce traversera six épaisseurs de tissu au lieu de 9.

VARIANTES

Si vous aimez que vos rideaux viennent tomber en cascade sur le sol, espacez les œillets de 38 cm (15 po). Au lieu de faire un ourlet de 20,5 cm (8 po) dans le bas, ajoutez 51 cm (20 po) de tissu supplémentaire et faites un ourlet à double rentré de 2,5 cm (1 po). Retournez l'ourlet vers l'arrière et étalez le tissu sur le sol selon votre goût.

Attachez votre rideau à la tringle en vous servant d'une cordelette de passementerie ou d'un lacet de cuir.

Pour accentuer l'allure décorative de vos rideaux ou si vous ne voulez pas employer d'œillets, optez pour des anneaux à pince ou des anneaux que vous coudrez au tissu.

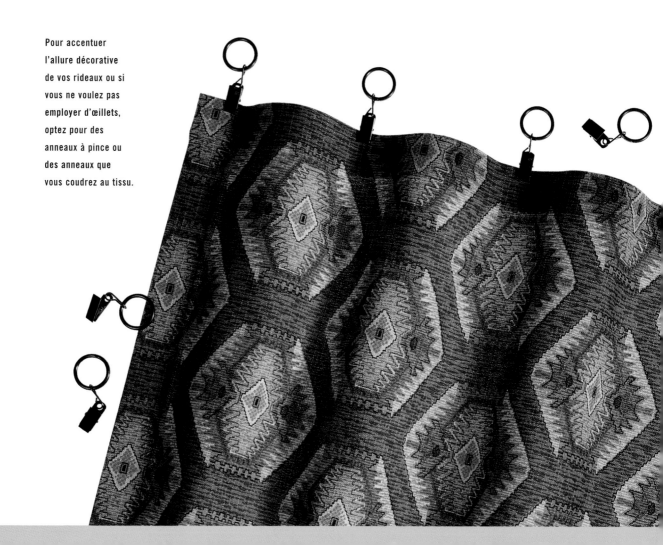

GLOSSAIRE

AISANCE Certaines longueurs de tissu, malgré tous vos bons calculs, raccourciront quand vous aurez fait vos rentrés et que vous aurez piqué vos ourlets à double rentré des têtes de rideau ou des coulisses. Par ailleurs, quand un rideau est froncé sur une tringle, sa longueur peut diminuer un peu. En ajoutant 1,3 cm (½ po) à la longueur avant de couper, votre longueur finie sera plus exacte.

AMINCISSAGE PAR GRADATION On amincit les ressources de couture par gradation afin de ne pas avoir de bords renflés. Souvent, la ressource de couture du vêtement est réduite à 6 mm (¼ po) et celle de la parementure, à 3 mm (⅛ po).

AMPLEUR C'est la largeur finie d'un rideau ou d'une cantonnière par rapport à la longueur de la tringle ou de la baguette de montage. Par exemple, deux fois l'ampleur veut dire que la largeur du rideau égale deux fois la longueur de la tringle.

BIAIS Toute ligne diagonale coupant la trame et la chaîne du tissu est appelée biais. Ne s'étirant ni sur la trame ni sur la chaîne, les tissés s'étirent cependant beaucoup dans le sens du biais.

BORD CÔTE C'est un tissu très extensible qui comporte en général des côtes très prononcées. Le bord côte convient particulièrement aux encolures et aux poignets de vêtements en tricot, puisqu'il peut s'étirer facilement au passage de la tête et des mains et retrouve sa forme après. La plupart des bords côtes se vendent en plus petites largeurs que les autres tissus et comme on en utilise beaucoup moins, il se vend en général au centimètre (pouce) plutôt qu'au mètre (verge).

BOURRAGE DE FIL Peu importe le soin que vous apportez à votre ouvrage pour les éviter, les bourrages de fil peuvent gâcher votre journée. En effet, les fils s'emmêlent et forment des nœuds sur l'envers du tissu et la machine bloque. NE FORCEZ RIEN! Enlevez le pied-de-biche et coupez tous les fils que vous pouvez à partir de la plaque à aiguille. Ouvrez la plaque à aiguille ou la navette de la canette et coupez tous les fils que vous pouvez. Enlevez la canette et retirez délicatement le tissu de la machine. Nettoyez bien les griffes d'entraînement et la navette de la canette avant de remettre la canette et de recommencer. Mettez ceci au compte de l'expérience et n'y pensez plus!

BUTOIR Minuscules morceaux de métal fixes en haut et en bas d'une fermeture à glissière qui empêche le curseur de sortir.

CHAÎNE (ou droit fil) Dans le cas des tissés, les fils de chaîne sont parallèles aux lisières. Les tissus sont en général plus résistants et plus stables dans le sens de la chaîne.

COIN EN ONGLET L'excès de tissu est replié en angle à 45° pour éliminer de l'épaisseur. C'est probablement ce que vous faites quand vous enveloppez un cadeau.

CÔTES Elles sont l'équivalent de la chaîne dans les tissés; elles sont parallèles aux lisières (s'il y en a) dans les tricots. Ces derniers sont souvent plus stables dans le sens des côtes.

COULISSE Genre de «passage» bordé par des coutures le plus souvent au niveau de la taille, pour accueillir des élastiques ou des cordelettes. C'est aussi une longue ouverture ménagée dans la tête de rideau par deux piqûres parallèles, entre lesquelles la tringle ou barre à rideau sera glissée.

COUTEAU ROTATIF ET TAPIS EN PLASTIQUE Ces outils pour couper le tissu permettent d'économiser du temps, même s'ils exigent une certaine pratique et de grandes précautions. En effet, le couteau est extrêmement tranchant. Il faut donc couper lentement, faire attention à vos doigts et toujours rentrer la lame ou la recouvrir quand vous ne coupez pas. On ne peut se servir du couteau rotatif sans tapis protecteur en plastique.

COUTURE Quand on assemble deux morceaux de tissu endroit contre endroit et qu'on les pique près du bord à la machine ou à la main, on fait une couture. Les bords non finis se retrouvent sur l'envers du tissu, alors que sur l'endroit, figure une belle ligne nette.

CRANS Petites découpes triangulaires (V) faites dans les ressources de couture, en général dans un arrondi ou un coin. Lorsqu'on retourne la pièce sur l'endroit, les ressources de couture s'ouvrent en éventail et restent à plat. Ce sont aussi les marques que l'on fait sur le tissu, en général en dehors des ressources de couture, pour pouvoir assembler les diverses pièces du vêtement.

DÉCOUSEUR Petit instrument dont on glisse la partie coupante dans la couture pour défaire les points. Ne cédez pas à la tentation de faire glisser l'instrument d'un coup dans la couture, car vous déchireriez votre tissu à coup sûr. Même les couturières les plus expérimentées se servent d'un découseur.

DIMENSIONS D'APPELLATION DU BOIS DE CONSTRUCTION Les dimensions d'appellation du bois de construction diffèrent des mesures réelles. Par exemple, une planche de 1 x 2 mesure en fait 2 x 3,8 cm (¾ x 1 ½ po) et une planche de 1 x 4 mesure en fait 2 x 9 cm (¾ x 3 ½ po). Assurez-vous de bien mesurer la planche ou la baguette.

DOUBLURE C'est un tissu qui sert à doubler le tissu du dessus pour donner davantage de corps au vêtement, protéger du soleil et servir de soutien aux ourlets et coutures.

DOUBLURE BORD À BORD C'est une doublure qui est coupée aux mêmes dimensions que le tissu pour doubler ce dernier. Les deux morceaux sont assemblés par une couture qui se trouvera près du bord des deux tissus. Les ressources de couture sont prises entre les deux épaisseurs de tissu.

ENTAILLES (ou coches) Petites découpes longitudinales faites dans les ressources de couture d'un vêtement ou de tout autre article, en général dans un arrondi ou un coin. Lorsqu'on retourne l'article sur l'endroit, les ressources de couture peuvent s'ouvrir en éventail et rester à plat là où elles ont été entaillées. Ces entailles servent également à indiquer les crans ou les points figurant sur les patrons.

ÉPAULES TOMBANTES En faisant une couture d'épaule plus basse que la pointe de l'épaule, on obtient une couture qui tombe sur le haut du bras. Les épaules tombantes conviennent à des vêtements plus décontractés, moins ajustés et qui ont de l'aisance sous les aisselles.

ÉTALEMENT UNIDIRECTIONNEL Certains tissus, comme le velours de coton et le velours côtelé ou bien les tissus dont les imprimés ont une direction unique, doivent être coupés dans un seul sens. Quand vous placez les morceaux du patron sur un tel tissu, leurs parties supérieures doivent toutes faire face à la même direction.

FAUFIL Point long et facile à enlever piqué temporairement dans le tissu à la main ou à la machine. Les points de faufil faits à la main servent à maintenir ensemble les épaisseurs de tissu et la ouatine pour le matelassage. On s'en sert également pour faire des fronces. On se sert de points de faufil faits à la machine pour fermer une couture avant de poser une fermeture à glissière.

FERMETURE À GLISSIÈRE SÉPARABLE C'est une fermeture dont les deux parties se séparent totalement au bas et dont on se sert pour les vestes ou le cabas de la page 149. Vérifiez bien l'étiquette de l'article pour vous assurer que vous achetez la fermeture voulue.

FRONCES On utilise les fronces pour qu'une partie plus grande du vêtement puisse être assemblée à une autre et par la même occasion lui donner une certaine forme. On pique deux rangées parallèles de longs points et, quand on tire sur le fil de canette, le tissu glisse sur les points et se rassemble en petits plis.

IMPRIMÉ DE BORDURE Un tissu imprimé comporte parfois un motif en bordure de lisière qui rappelle le motif du tissu, mais différent, plus marqué et plus important que le reste de l'imprimé. On place souvent le motif de bordure le long de l'ourlet d'un vêtement, le sens de la chaîne se trouvant alors à l'horizontale sur le vêtement.

LARGEUR À COUPER C'est la largeur totale de tissu à couper pour réaliser un article. S'il faut plus d'une largeur de tissu (de lisière à lisière), la largeur à couper correspond au panneau entier incluant les coutures faites, les ressources de tissu pour les ourlets ou les coutures de côté.

LARGEUR FINIE C'est la largeur totale d'un article de confection une fois qu'il est fini. Dans le cas d'une nappe, elle comprend la largeur de la table et deux longueurs de retombée. Pour un store « bateau » installé à l'intérieur d'un cadre de fenêtre, c'est la largeur intérieure du cadre de fenêtre. Pour un store monté à l'extérieur, c'est la largeur intérieure du cadre, plus 2,5 cm (1 po) de chaque côté.

LISIÈRE Propre aux étoffes tissées, cette fine bordure tissée plus étroitement que le reste du tissu doit être éliminée. Évitez d'employer une lisière pour faire une couture, car elle pourrait tirer sur la couture et faire goder le vêtement, vu qu'elle rétrécit davantage que le reste du tissu au lavage. Il y a cependant une exception à cette règle : on peut se servir des lisières dans le cas de longues coutures verticales de rideaux en voilage ou en tissu lâche. En effet, si on coupait les lisières, le tissu s'effilocherait trop. Il faut dans ce cas laisser les lisières et y faire des entailles tous les 2,5 cm (1 po) pour leur permettre de s'étirer.

LONGUEUR À COUPER C'est la longueur totale de tissu à couper pour réaliser un article. Cette longueur comprend les ourlets, les coutures, les raccords d'imprimé et, dans le cas d'un store « bateau », une longueur supplémentaire pour le montage.

LONGUEUR FINIE C'est la longueur totale d'un article de confection une fois qu'il est fini. Dans le cas d'une nappe, elle comprend la longueur de la table et deux longueurs de retombée. Pour un store « bateau », c'est la longueur mesurée entre le haut de la baguette de montage et le rebord de la fenêtre.

MARQUAGE Il est souvent nécessaire de se donner des points de repère temporaires sur le tissu pour tailler, piquer ou assembler. Il existe de nombreux outils et méthodes de marquage, entre autres les crans et entailles, la craie de tailleur sous toutes ses formes, les crayons de couturière, les rubans autocollants et les épingles.

MONTAGE EXTÉRIEUR Ce terme désigne l'installation d'un habillage de fenêtre à l'extérieur du cadre de celle-ci, c'est-à-dire sur le mur au-dessus.

MONTAGE INTÉRIEUR Ce terme désigne l'installation d'un habillage de fenêtre à l'intérieur du cadre de celle-ci.

OURLET Le bord extérieur d'un article de confection est fini de façon soignée en rabattant le bord du tissu sur l'envers et en le fixant sur ce dernier. On peut le rabattre deux fois (rentré double) et le piquer, le bord vif étant ainsi pris dans la pliure. Ce genre de finition s'utilise pour les ourlets du bas et des côtés des rideaux. On peut faire un rentré simple et le coller sur l'envers du tissu avec un ruban thermocollant, pour un store « bateau », entre autres. L'ourlet d'une nappe se réalise avec un passepoil ou un biais.

PANNEAUX HORIZONTAUX Pour les habillages de fenêtre, on utilise souvent le droit fil du tissu (chaîne) à l'horizontale, ce qui élimine les coutures verticales. Certains tissus d'ameublement sont fabriqués expressément dans des largeurs correspondant à des panneaux pleine longueur.

PAREMENTURE Tissu, à même ou rapporté, utilisé pour renforcer l'intérieur d'un vêtement, empêcher les bords du tissu du vêtement et les ressources de couture de s'effilocher et donner une apparence finie plus nette. Par exemple, le devant et l'encolure d'une veste ont une partie extérieure et une partie intérieure, la paramenture.

PIVOT Pour réaliser des coins parfaits, il faut arrêter l'aiguille exactement dans le coin avant de faire tourner le tissu. Pour s'assurer que le tissu ne bougera pas, il faut faire tourner le volant jusqu'à ce que l'aiguille soit complètement entrée dans le tissu et commence tout juste à remonter. Ensuite, il faut relever le pied-de-biche, faire tourner le tissu sur lui-même, rabaisser le pied-de-biche et continuer la piqûre.

POCHE APPLIQUÉE C'est une des poches les plus faciles à réaliser, car elle est appliquée sur l'endroit du vêtement.

POINTS D'ARRÊT Petits points faits sur place, à la main ou à la machine, pour maintenir deux morceaux de tissu ensemble. Les points d'arrêt sont moins apparents qu'une rangée de points.

PRÉ-RÉTRÉCISSEMENT Les tissus qui rétrécissent, en particulier ceux faits de fibres naturelles, rétrécissent surtout lors du premier lavage. Il est recommandé de laver le tissu avant de tailler. Ainsi, l'article confectionné ne rétrécira plus. Les tissus qui doivent être nettoyés à sec peuvent être prérétrécis en étant passés à la vapeur.

RANGS Correspondant à la trame d'un tissu tissé, les rangs d'un tricot sont perpendiculaires aux lisières et aux côtes. La plupart des tricots s'étirent surtout dans le sens des rangs.

REPASSAGE C'est une étape extrêmement importante pour réussir ce que vous confectionnez. Ajustez le thermostat de votre fer à repasser selon le type de tissu et utilisez la vapeur. Appliquez et soulevez le fer verticalement en changeant le sens du fer constamment. Ne faites pas glisser le fer sur les coutures, car cela pourrait étirer le tissu et déformer le vêtement, surtout dans le sens de la trame et du biais.

RÉPÉTITION DU MOTIF Typique des tissus d'ameublement le motif se répète dans le sens de la chaîne à intervalles réguliers. Par exemple, la distance entre la pointe d'un pétale à la pointe du pétale suivante est toujours la même.

RESSOURCES DE COUTURE C'est la largeur de tissu comprise entre les bords vifs du tissu et la ligne de piqûre d'une couture. La ressource de couture standard pour un vêtement est de 1,5 cm (⅝ po). Pour les articles de décoration intérieure, elle est de 1,3 cm (½ po). Les ressources de couture donnent de la solidité à la couture et empêchent les points de se défaire au bord du tissu.

RETOMBÉE C'est la longueur d'une nappe mesurée du bord de la table au bord de la nappe. Elle varie de 15 cm (6 po) à une pleine longueur.

RETOUR C'est la partie du rideau ou de la cantonnière qui revient vers le mur et qui bloque la lumière sur les côtés de la fenêtre.

SAILLIE C'est la distance entre le mur et l'avant d'une baguette de montage.

SOUSPIQÛRE C'est une piqûre au point droit qui se fait très près de la couture et assemble la paramenture au vêtement. Une fois que les ressources de couture sont réduites, entaillées, crantées et repassées vers la paramenture, on pique sur l'endroit de la paramenture pour empêcher celle-ci de baver sur le vêtement. En fait c'est une surpiqûre faite sur l'envers du vêtement.

SURJET C'est une finition de ressources de couture où les deux bords vifs sont surfilés ensemble.

SURPIQÛRE C'est une piqûre décorative et fonctionnelle faite entre 6 mm et 2,5 cm (¼ po et 1 po) du bord fini d'un article de confection. Elle se fait sur l'endroit du tissu (endroit sur le dessus). Parfois, on réalise la surpiqûre avec un fil plus épais ou deux fils d'aiguille pour la rendre davantage visible.

SURPIQÛRE PRÈS DU BORD Avec un point de 2 à 2,5 mm (10 à 12 points au pouce), on fait une surpiqûre à 3 mm (⅛ po) d'un bord fini. En général, on peut faire cette surpiqûre en guidant le côté droit du pied-de-biche le long du bord fini.

SUITE À LA PAGE SUIVANTE

SUITE

TÊTE C'est la partie se trouvant en haut d'un rideau ou d'une cantonnière à coulisse et qui forme un volant lorsque le rideau est sur la tringle. La hauteur de la tête du rideau correspond à la distance entre le bord fini supérieur et la ligne de piqûre supérieure de la coulisse.

TISSU SANS ÉTALEMENT UNIDIRECTIONNEL Sur certains tissus, l'imprimé n'a pas de sens et les morceaux du patron peuvent être disposés sur le tissu tête-bêche.

TRAME (ou travers) Dans le cas des tissés, le sens de la trame est perpendiculaire aux lisières. Le tissu «donne» un peu dans le sens de la trame.

INDEX

Achevé d'imprimer au Canada
en août 2004
sur les presses des imprimeries Transcontinental Inc.